西方哲学思想讲义

Lectures on Western Philosophy

王德峰
吴晓明

——著——

浙江人民出版社

只 为 优 质 阅 读

好
读

Goodreads

回顾西方思想发展的时代界标

近代以来的中国学人，除了关注和学习西方的科学，同时也翻译和研究西方的哲学，这是对一种发展到相当高度的文明的虚怀若谷的学习态度。对西方哲学的了解，是对西方文明之根基的认识，其结果一定有助于我们国人对自身文明之根基的认识，因为不同的文明一方面源于不同的物质生产生活方式，另一方面也源于对生产生活方式的思想自觉。哲学正是这种思想自觉。一个有哲学的民族，正是从其对生产生活方式的思想自觉中生发出丰富乃至灿烂的文明创造。

不同文明的相遇，既能带来彼此之间的学习，也会带来富于意义的对话。文明的对话只要被限制在思想本身的范围内，而不是扩展至为政治对抗和资本竞争服务的意识形态冲突（亨廷顿的《文明的冲突》一书所讲的即是这种扩展），就只有好处，没有坏处，因为对话双方可以借此发现各自的缺陷和病症，并为实现自我更新而获得新的启示。一部中国近现代思想史证明了这一点；海德格尔在发起西方哲学的革命时对中国先秦道家思想的高度关注和认真汲取也证明了这一点。

本书的写作借助对西方历史上十位哲学家的集中介绍和对其思想的阐发，尽可能精要地展示西方文明从古代到近代发展过程中那条延绵不断的思想线索。本书作者认为，在21世纪的今天，以这种简明的方式对西方思想再做一个回顾，有助于国人对当代问题的思考。当代中国所面临的时代挑战和时代任务，要求自身在哲学层面上做基本反思，而这些反思无一不包含"中西古今"之辨。

本书所选的哲学家，其学说在西方思想发展历程中都有"时代界标"之地位。所谓界标，指的是在一条道路上的承前启后的转折点。思想发展之总过程并不是线性的展开，而是连续性的中断，即变革。但变革不是过去思想的消失，而是使过去的思想在一种新的形态中获得新的生命，以理解和应答时代课题。

正如马克思所说的，"问题并不在于从思想上给过去和未来划下一条不可逾越的鸿沟，而在于实现过去的思想。而且人们最后就会发现，人类并不是在开始一件新的工作，而是在自觉地从事自己的旧工作"，只有这样，我们才能"对当代的斗争和愿望做出当代的自我阐明（批判的哲学）。这是既为了世界，也为了我们的工作"（见马克思1843年9月致卢格的信）。

马克思的这段话，当为今人记取。

王德峰

2023年2月28日于上海

目
录
▼

柏拉图

▼

　　柏拉图（Plato）的著作，无疑是命运从古代给我们保存下来的最美的礼物之一。

——黑格尔

西方文化的精神渊源，可以回溯到古代希腊；古代希腊的思想家，曾经是希腊文明的伟大开创者，后来也一直是西方文化的灵感源泉和守护神。在古希腊众多的思想家中，柏拉图犹如奥林匹斯山上的宙斯，乃高居于王座的万神之神。也许可以说，柏拉图之于西方文化，就像孔子之于中国文化一样。正是在这个意义上，英国哲学家罗素称，"柏拉图处在哲学思想的核心位置"，其思想的影响"可能比任何其他人的影响都大"。法国逻辑学家戈博认为，柏拉图的思想"不是一般的形而上学，而是独一无二的形而上学"。至于德国古典哲学的集大成者黑格尔，则直截了当地称柏拉图为"人类的导师"。

一、柏拉图的生平故事

柏拉图是雅典人，出生于公元前429年①（又有公元前428年、公元前427年两种不同说法）。他原先的名字叫阿里斯托克勒（Aristokles），后来他的老师给他取名为柏拉图。关于他的名字，有种种传说。有的人说，他之所以得到这个名字，是因为他有一个宽大的前额；也有人说，是由于他言谈的丰富和广博。

柏拉图出身于贵族家庭。他的父亲名为阿里斯同，其家谱一直可以追溯到古老的雅典王族；而他的母亲伯里克条尼则出身于一个活跃于政治舞台的家族，是梭伦的后裔。虽然有些传说未必十分可靠，但是可以肯定，柏拉图的家庭与当时最重要的政界人物（包括伯里克利）有相当密切的联系。

由于出身于这样一个优裕显贵的家族，柏拉图自幼便受到了当时被视为一个雅典人所应具有的关于各种艺术的教育。在青年时代，柏拉图曾学习作诗，并且还写过悲剧、颂神诗和赞美歌。在后来的希腊诗歌的选本里，我们还能见到他所写的诗歌。这些诗歌读

---

① 根据《辞海》，柏拉图生卒年份为公元前 427 年至公元前 347 年。

起来是十分优美的。其中最著名的一首，是题赠给他的好朋友阿斯特尔的，里面有这样一个段落：

> 我的阿斯特尔，你仰望着星星，
>
> 啊，但愿我成为星空，
>
> 这样，我就可以凝视着你，
>
> 以千万的眼睛。

柏拉图曾在当时著名的智者那里学习各种艺术，然而对他的思想影响最为深远的，无疑是伟大的雅典哲人苏格拉底。苏格拉底不仅是一位划时代的思想家，代表着希腊哲学决定性转折的开端，而且其庄严静穆、极度单纯的崇高品质和人格，使他获得了"神圣"的称号，成为西方文化之恒久的道德典范。苏格拉底是柏拉图家族的老朋友，因此当柏拉图大约20岁的时候，他的父亲便带他到苏格拉底那里，开始新的学习生涯。这确实是思想史上一件既幸运又值得称道的事件，因为这位老师对于那个学生的意义，就像那个学生对于这位老师的意义一样重要。于是后来就有了这样一个传说：在柏拉图去拜师的前一晚上，苏格拉底梦见有一只天鹅飞来停落在他的膝上。天鹅的翅膀很快地长大了，接着立刻就飞向天空，唱着最优美的歌曲。

苏格拉底是一个全新学派的开创者。这个学派的原则，是把哲学思考引向或导回到人的自身，就像一个古老的格言所说的那样——"认识你自己"。由于这一巨大的问题转向，哲学思考以及它的提问方式都发生了根本的改观。就像意识开始被当作本质重要的原则来对待一样，思想与实在的内部联系也要求得到具体的说明。我们知道，柏拉图属于苏格拉底学派，而苏格拉底是这样一个"辩证法"（在这个词之本来的意义上）大师：他是一个对话者，在提问、诘难和论辩中度过了他的一生。他没有著作流传下来，很可能，他根本就没有写过什么著作。他的思想和事迹是通过他的两个学生——色诺芬和柏拉图——而为人们所知晓的（在这方面，柏拉图的作品要重要得多）。诚然，由于柏拉图使用优美宏大的对话体来写作，而这些作品又包含着种种戏剧化的场景和人物，所以他所描绘的苏格拉底在历史的细节上是否真实，便引起了猜疑；要分辨哪些是苏格拉底本人的思想，哪些是柏拉图借苏格拉底之口说出的思想，也变得困难起来。然而可以肯定地说，"柏拉图的苏格拉底"是真实的；这种真实性的意义，较之于那种平庸的或琐碎的细节上的真实性，要重要得多。

柏拉图的苏格拉底首先具有这样的意义：他是一个使哲学思维发生决定性转折的领袖，他把对物理宇宙的关怀引向了对人的世界的关怀、对人类自我的关怀、对"善"的关怀。柏拉图在一篇对话中，描写了苏格拉底与其学生斐德若的谈话。师生两人一起散步，走到了雅典城门外一个不远的地方。见到这片美丽的景色，苏格拉底欣喜异常，并且对这一带景色大加赞赏。然而使斐德若感到惊讶的是，苏格拉底似乎从来没有到过这个地方，于是学生便问老师是否从未出过城，苏格拉底的回答是意味深长的，他说："是的，你得宽容我一点，斐德若。你知道，我是一个好学的人。田园草木不能让我学得什么，能让我学得一些东西的是城市里的人民。"①不消说，柏拉图是真正理解这一回答所具有的象征意义的，因为他正是后来使这种意义得到发扬光大的思想家。

确实，师从苏格拉底使柏拉图受益匪浅，并且由此而获得了一个全新的思想开端。如果说柏拉图一度有望成为诗人，而且曾"一心一意想献身于政治"，那么现在他是被哲学思考——探讨实在或真理的科学——深深地攫住了。正如柏拉图塑造了一个不计世俗成败、大勇无畏地献身于真理的苏格拉底，他自己也表现出对于知识、对于探求真理的无限热情——"柏拉图完全为哲学知识的崇高性所浸透了"。在柏拉图看来，真理乃绝对，乃实在；而关于绝对或实在的知识探求便是哲学。因此，哲学不仅是最高的财富，而且是人的本质。唯有哲学才有助于人的真正完善，才是人应当去努力寻求的东西。所以柏拉图对于一切别的东西（属于"意见"范围的东西）都表示轻视，而对于哲学（真正的"知识"）显示出最深刻的情感和最坚决的意识："我认为，视觉是给我们带来最大福气的通道。如果我们没有见过星星、太阳、天空，那么我们前面关于宇宙的说法一个字也说不出来。但是，我们看见了昼夜、月份和年份，从而有了数和时间概念，以及研究宇宙的能力。于是我们开始有哲学。对于

---

① ［古希腊］柏拉图：《斐德若篇》，商务印书馆 2017 年版，第 8 页。

诸神能够给予我们人类的东西而言，这是最大的福气了。"①

对于知识和真理不知餍足的热情，使柏拉图并不完全满足于苏格拉底的智慧和教导。据说他与最著名的智者时相过从，并且特别地研究了毕达哥拉斯学派；从这一学派那里，他继承了对数学的高度尊崇，以及把理智与神秘主义密切交织起来的思想倾向。此外，对他影响较为深刻的还有赫拉克利特和巴门尼德。从前者那里，他获得了这样一种否定性的观念，即感觉世界中没有任何东西是恒久的；从后者那里，他得到了这样一种信仰，即实在是无时间性的、永恒的。把这两方面结合起来，柏拉图做出了一系列本质的、重要的区分——理念世界（实在或真理的世界）和经验世界的区分、理智生活和感性生活的区分，并且得出结论说：知识并不是由感官得到的，只有通过理智才能获得。

当柏拉图这样深入哲学研究时，他就失去了对诗歌和政治的兴趣；他开始放弃这些东西，而完全致力于哲学。然而，促成这个理智兴趣之重要转变的，也许还有一个更深刻的原因，即苏格拉底之死。一方面，从本质上来讲，苏格拉底之死是一个真正的悲剧：它意味着一个更高的精神原则——个人的意识作为独立的意识——出现了；而这个原则又意味着人拿自己的自我意识来代替神谕——人自己知道什么是真理，他应当向自身中观看。这就是"认识你自己"的寓意。但是，这个新原则最初是破坏性的，因为它与雅典生

---

① ［古希腊］柏拉图：《蒂迈欧篇》，东方出版中心2021年版，第34页。

活的实质是对立的；当希腊世界的现存原则与新的主观反思的原则相冲突时，苏格拉底之死便表现为一种悲剧的必然性。于是柏拉图的《申辩篇》中苏格拉底最后说道："死别的时辰已到，我们各走各的路——我去死，而你们去活；哪一个更好，唯有神才知道。"另一方面，就事情的实际情形而言，苏格拉底之死又具有一种严峻的政治斗争的背景：苏格拉底被指控为不敬祖国的神灵和教唆年轻人堕落，而问题的实质则在于苏格拉底与贵族派的联系——他的朋友和学生大多数属于贵族派。因此，当苏格拉底被处死时，柏拉图跻身政治舞台的雄心便泯灭了。政治的阴谋和险恶，必定给年轻的柏拉图留下了深刻的印象。也许他开始意识到，在党派的政治结构中，是没有人能长期地维持其尊严和独立的；也许他还感受到，一种新的精神原则正在活跃涌动，而这一原则是要求充实和发挥，要求成为理论形态的。于是从这个时候开始，柏拉图便走上了献身于哲学的道路。

苏格拉底被处死以后，柏拉图和许多别的哲学家一样，逃出雅典，投奔到麦加拉的欧几里得那里（他不是著有《几何学原本》的那个欧几里得；他是苏格拉底的朋友，麦加拉学派的创始人）。不久之后，柏拉图从麦加拉出发去各地游历了多年。先是到非洲的居勒尼，在当时著名的数学家德奥多罗的指导下，非常勤奋地研究数学，并且很快在数学方面取得了很大的成就。此后，柏拉图又从居勒尼到埃及游历，不久又从埃及到"大希腊"。他在那里结交了不少当时的毕达哥拉斯派的学者，其中有著名的数学家阿尔基塔和费罗劳等人；柏拉图用高价收购了一大批老一辈毕达哥拉斯派的著作，并且潜心研究了毕达哥拉斯的哲学。我们知道，毕达哥拉斯派的学者最早把数的抽象观念提高到突出地位，因此他们一方面在关于数的理论中引入了一种神秘的世界观，另一方面又极大地推进了几何学这一演绎学科，按照逻辑顺序建立了某种体系（如毕达哥拉斯第一次用演绎的方法证明了勾股定理，该定理后来以他的名字命名），并且通过关于算术、音乐和天文学中数的秩序的观念，强有力地推进了这些学科的发展。如果说柏拉图的早期哲学研究是远离科学和数学成长起来的，那么后来数学或关于数的观念却无疑是构成柏拉图思想的一个至为紧要的方面。对柏拉图而言，毕达哥拉斯派的影响是重大而深刻的；在柏拉图理论中数学所起的主导作用，甚至成为区别柏拉图和苏格拉底的基本标志。

在经历了多年的游历之后，大约在公元前387年，柏拉图又回到了雅典。在那里，柏拉图创办了一所学校，学校位于离城西北部不远的小树林。由于地处希腊英雄阿加德摩（Academus）的园林墓地，所以学校被称为"阿卡德米"（Academy，"学园"）。在学园里，柏拉图向他的学生们讲学，经常是师生们共同围着一张桌子，从事数学、哲学以及其他学问的研究。虽然学园的组织是模仿意大利南部的毕达哥拉斯派的学校，但其宗旨和教育方式却是新颖的：它通过苏格拉底和柏拉图式的辩证法，旨在训练人们的头脑借助于理性独立思考。从流传下来的材料中我们得知，柏拉图授课时没有预先准备好的笔记，往往是在讨论班或讨论会中，提出各种问题让学生去解答，而各种对话的一些内容就成为书面的哲学论文。

学园的课程包括算术、几何学、天文学和声学等，这些课程显然与毕达哥拉斯派有联系。学园对数学给予最高度的重视，据说学园门口有一块铭文，劝告不懂几何学或厌恶数学的人免进学园，而去做其他的事情。不难想象，柏拉图是试图通过这种训导，使人们的思想从"变异"转向"实在"，也就是说，从流变的经验世界转向其背后的不变的构架——实在的理念世界。柏拉图一生的大部分时间和心血，几乎都倾注在学园中了：他在那里传承、修正并大大地扩充了苏格拉底的原则，他在那里完善、发挥并不遗余力地阐扬了自己的学说，他在那里还形成和培育了一种独特的思想和学术传统，并造就了一大批卓有成就的学生——其中包括著名的亚里士多德。学园也许可以说是柏拉图在西方文化史上最重要的贡献之一，就像亚里士多德可以说是学园的荣耀和对学园的最高报偿一样。柏拉图的学园存在了900多年，它是自中世纪以来发展起来的各类大学的前身。公元529年，罗马的查士丁尼大帝封闭了学园，因为这种古典传统的存在被他看作对基督教原则的冒犯。

柏拉图在雅典学园的平静生活，曾被他三次去西西里的旅行所打断。公元前367年，叙拉古的狄奥尼修一世去世，他的儿子狄奥尼修二世继承王位。年轻的新君主看起来聪明伶俐，所以他周围的人希望能给他灌输一些哲学的观念。狄奥尼修的姐夫狄翁当时掌握着一部分实权，而狄翁又是柏拉图诚挚的朋友和崇拜者。也许狄翁认为，新君主应当由柏拉图塑造成《理想国》中的哲学王。于是狄翁便邀请柏拉图来到了狄奥尼修的宫廷。就柏拉图而言，他之所以应邀前往一方面是由于他和狄翁的友谊，另一方面则是由于他本人怀有某种高远的希望——希望通过这个年轻的新君主使真正的国家法制变为现实。无论如何，这种想法并没有产生什么实质性的结果，柏拉图同狄奥尼修的关系也变得扑朔迷离并经历了多次的反复。先是狄翁遭到放逐，而柏拉图也被牵连进去，因为他不愿放弃和狄翁的友谊。于是柏拉图返回雅典，狄翁也在雅典进入柏拉图的学园。后来狄奥尼修又邀请柏拉图去西西里，但是直到最后，柏拉图仍然只得到一个冷淡的和没有希望的结果——他依照自己哲学观念的要求来制定国家法制的梦想终于破灭了。当狄奥尼修和狄翁的关系恶化时，情形变得异常紧张；柏拉图历尽艰难从西西里返回雅典，并明智地拒绝了支持狄翁通过武力恢复其权位的要求。因为柏拉图虽然在政治观念上相当执着，却始终置身于政治权力的争斗之外。

公元前360年，柏拉图回到雅典后继续在学园讲学和写作，直到临终前他一直是个勤奋的思想家和积极的作家。在这期间，他多次拒绝担任其他城邦的立法者的职务，而把全部身心都贡献给了学园。幸运的是，在古代哲学家中，柏拉图是仅有的一个其著作几乎全部流传下来的人。这些著作表明，他不仅是举世无双的哲学家和思想家，也是伟大的作家——柏拉图的著作使他跻身世界文学的巨人之列。他的思想和学术受到全希腊特别是雅典人的高度尊敬。据文献记载，他活到第108届奥林匹亚赛会（公元前348年）；死在他生辰那天，在一个结婚的筵席上，享年81岁。

二、柏拉图的时代和主要思想

要真正了解柏拉图的思想，就不能不了解他所生活的那个时代。这是一个急剧变动的时代，是一个随着社会生活的改变，旧的精神原则衰朽败坏而新的原则逐渐酝酿形成的时代。如果说苏格拉底经历了希腊的全盛时期和衰落的开端，那么，柏拉图的一生则经历了雅典的衰败和马其顿兴起的过程。

我们知道，在希波战争之后，雅典人逐渐掌握了爱琴海的制海权，并且成为各希腊城邦的领袖。雅典以伯里克利的名字命名的那个时代，在经济、政治和文化等方面，都达到了它的巅峰状态。希腊的主要工商业城邦在希波战争胜利后，进入了经济繁荣时期，而其中又以雅典最为突出：奴隶劳动被广泛运用，商业、手工业和航海业都得到了高度发展。同时，在伯里克利的领导下，雅典的民主制臻于成熟。贵族出身的伯里克利推行扩大民主的政策，实现了公民各阶层较广泛的联盟——雅典贵族会议的大部分实权被取消，执政官以及其他行政官职向一切等级的公民开放。而公民会议的作用却空前扩大，所有成年公民皆可参加，提出并讨论议案。最后，大致属于这一时期的雅典在文化方面获得了至高无上的荣耀，它培育了伟大的历史学家希罗多德和修昔底德，它贡献出了卓越的喜剧诗人阿里斯托芬，它还滋养了无与伦比的悲剧作家埃斯库罗斯、索福克勒斯和欧里庇得斯。当天才的雕塑家菲狄亚斯为新的神庙雕刻塑像，并使巨大的雅典娜女神高耸于卫城上时，雅典这座"山巅上的城市"，确实已成为希腊文化的骄傲和象征：它是航运和贸易的中心，是希腊最宏伟的城市，也是思想家和艺术家的摇篮。

然而不久以后，作为希腊中心的雅典便转入了其政治的衰落期（虽然其文化上的领袖地位还持续了很久）。出于政治和经济等方面的原因，雅典的霸权引起了一些城邦的不满，特别是遭到了另一个希腊城邦斯巴达的反对。各种矛盾冲突最终酿成了一场大战，史称"伯罗奔尼撒战争"（公元前431—公元前404）。伯里克利在战争开始后不久去世，而这场延续了近三十年的战争则以雅典的惨败而告终。伯罗奔尼撒战争是古代希腊城邦历史的转折点，由此而开始了所谓"城邦的危机"。战争之后，无论是胜利的一方还是失败的一方，都进入了一个经济、政治和军事的动荡时期：农民破产、贵族专权、公民兵制变为雇佣兵制以及一般自由公民的没落，破坏了古典城邦由以建立的社会经济基础，希腊城邦制度开始走向衰落。

柏拉图在伯里克利去世后出生，因此他是在伯罗奔尼撒战争时期长大的。身处这样一个动荡不安、原先的社会生活基础开始瓦解、时代精神发生重大变化的历史关头，年轻的哲学家柏拉图以及他的老师苏格拉底，在其学说中恰如其分地指出了时代的重大征候。虽然说柏拉图是对哲学本身具有最浓厚的兴趣、对纯哲学具有最深造诣的思想家之一，但是其哲学研究的背景，实与当时的社会生活有大的关联；其哲学思考的动力，亦与时代精神的变迁有密切的联系。

最能表明这一点的，首先体现在哲学思考之中心的转向上。我们在前面已经提到，自苏格拉底开始，宇宙学支配哲学研究的状况发生了重大的改变，而人类学——人们对自身的关注和探究——则生成为新的问题枢轴，并开拓出一个极其广阔的研究领域。在柏拉图和苏格拉底那里，"人是什么"成为真正重要的（甚至是唯一重要的）问题；而对以往的所有问题都开始用一种新的眼光来加以审视了，因为这些问题都指向一个新的理智中心。正是通过柏拉图的传承并且由于柏拉图的竭力推动，苏格拉底的问题（人是什么）和方法（对话式的辩证思维活动）在人类文明的全部未来发展中留下了深刻的印记。如当代哲学家卡西尔所说："希腊自然哲学和希腊形而上学的各种问题突然被一个新问题遮住了，从那以后这个问题似乎攫住了人的全部理论兴趣。"①

哲学问题的这一重要转向不是没有社会历史根源的。在苏格拉底和柏拉图的时代，一方面，社会政治生活的不安和动荡开始加剧，而在希腊的城邦制度中，某种使它败坏的因素或否定性的因素正在滋长；另一方面，伴随着社会生活之重大而急剧的改变，精神原则也在发生着深刻的变迁，用哲学上的术语来说，个人的意识作

①［德］恩斯特·卡西尔：《人论》，上海文化出版社2020年版，第9页。

为独立的意识，与普遍的精神分离开了，并由此构成了主观反思的新原则。

正是由于这样一种转折，我们发现在思想史上出现了一些非常新颖的问题——德性（善）的问题和伦理的问题。柏拉图对于道德和伦理问题的首要关怀，固然是由于苏格拉底的影响，但更为重要的是，柏拉图和苏格拉底一样，都深刻地体验到希腊城邦生活正在发生的动荡和危机，并且注意到这种社会变迁把关于人自身的问题、人们之间的关系问题凸显出来了。因此，他们把道德哲学的问题（甚至教育哲学的问题）大大地提升了，并且认为，哲学的努力便是要对社会和政治生活中出现的疾病加以诊断，并找到一种根治的方法。在柏拉图的早期对话中，不难看出，关于"善"的问题是如何成为一条主导线索的，正像在这些对话中出现的苏格拉底对这类问题怀有最执着的兴趣一样。在这里真正重要的，首先是问题的转换。例如，在《卡密德篇》中，问题是什么是适度；在《法律篇》中，问题是什么是友谊；在《拉黑斯篇》中，问题是什么是勇敢。虽说以前的希腊思想家也时而会提及这些问题，但毕竟只是偶然的和没有原则高度的；正因苏格拉底和柏拉图的工作，哲学思想才决定性地开辟出一个新的问题领域，获得了一种新的探索目光。换句话说，只有到了苏格拉底和柏拉图，认识自我才真正被确立为哲学探究的重要目标，并把它固定为思想史中的一个不可动摇的中心。

人是什么？这确实是新颖的问题。然而更加重要的是问题的性质，以及我们如何才能回答这类问题。在柏拉图所记下的苏格拉底的对话中，我们根本就找不到对这一新问题的直接回答。苏格拉底似乎总是不厌其烦地分析和论辩人的各种品质和品德，却从未冒昧地提出一个关于人的定义。柏拉图和苏格拉底好像给不出问题的最终答案，只是不停顿地进行种种问答和辩难；然而恰恰是这一点，提示了问题本身的特殊性质：它是不能靠通常的研究方式来解决的，因为我们不可能用探测物理事物的本性的方法来发现人的本性。关键点在于他们使用了一种新的研究方式，而这就意味着赋予哲学一种新的思想活动形式和功能。根据这种见解，与物理事物依其客观属性来描述不同，人只能依其意识来描述。而这一见解更为普遍的意义则在于：真理并不是某种现成的或直接的东西，依其本性来说它是辩证的思想的产物——人的知识包含在这种不断往复循环的问答活动或辩证活动之中。"哲学，在这之前一直被视为思想的独白，而在苏格拉底这儿转化为对话。只有通过对话或辩证思想这样的方法，我们才能探究有关人类本性的知识。"[①]

因此，柏拉图采用对话体这样一种哲学表达方式，并不是没有理由的。除了文学上的理由外，更重要的是它在哲学方面具有深远的意义：它不仅恰当地描述了苏格拉底的思想和言谈，而且通过各种往复辩难的对话发展了苏格拉底的辩证法。在柏拉图那里，谈话或对话的过程要求解除种种任意和武断，要求很清晰地表示一个一

---

① ［德］恩斯特·卡西尔：《人论》，上海文化出版社2020年版，第11页。

贯的辩证进展的过程。虽说在柏拉图这里，思维的辩证法尚未成熟，其间还掺杂着不少表象或神话的杂质，但他却给这样一种思想活动的方式以巨大的甚至是决定性的推动。下面我们就会看到，新的问题领域以及新的理解问题的方式产生怎样的结果。

第一，柏拉图的理念论。在柏拉图那里，辩证法首先具有否定性的功效——它的作用在于使特殊的、感性的东西陷于矛盾之中。这样的东西是在变化中的，是为他物所决定的，因而只是相对的；它们既是自己，又是对方，于是就有了矛盾。所以，特殊的东西事实上并不是它本身那样，而必然要过渡到它的反面，就像赫拉克利特所说的那样："我们既踏进又不踏进同一条河流，我们既存在又不存在。"由于这种特殊的事物是有局限性的、相对的，有矛盾的和易逝的，所以是不真实的。然而另一方面，辩证法正是在这种否定性的功效中，提示出它的肯定的功效。换言之，柏拉图辩证法的进一步的使命就在于通过特殊事物之陷于矛盾的瓦解而引出真实的东西（实在），从而使实在出现在反省的意识面前。与特殊的事物相反，实在是不死的东西、普遍的东西、不变的东西；它是事物的"自身"，是理念（类）或共相。因此，在柏拉图看来，凡个别的东西、多数的东西都不是真实的，只有理想的东西才是最真实的、唯一的实在。理想的东西就是理念；而所谓理念，一则意味着普遍性的东西；二则意味着思想（因为思想在性质上与感性的个别的东西相反）。

在现象与实在的区别之上，便有"意见"和"知识"的区别。

如果有一个人爱好美的事物或正义的事物，那么他不过具有某种意见；而如果一个人是爱着美的自身或正义的自身，那么他便具有知识。特殊的事物始终具有相反的特性，例如，美的事物在某些方面也是丑的，正义的事物在某些方面也是不正义的，如此等等。由于这种矛盾的性质，因此它们乃介于存在和不存在之间——它们是意见的对象。与此不同，柏拉图在《国家篇》中说，那些看到了绝对永恒与不变的人可以说是有知识的，而不仅仅是有意见的。说得更简明一些：知识涉及美自身，而意见则涉及个别的美的事物；知识属于超感觉的永恒世界，而意见则属于感官所接触的世界。

因此，在柏拉图看来，特殊的东西是有缺陷的而且仅仅是现象，唯有理念才是完善的实在。那些只看到特殊事物的人是不清醒的，犹如在睡梦中；而只有那见着并且了解实在的人，才是清醒的。这里有一个著名的关于洞穴的比喻：一群囚徒被关在洞穴中，他们面对着一堵墙坐着，不能转身，因为他们是被铁链锁住的。在他们的背后燃着一堆火，于是他们面对的那堵墙就如同屏幕一般；他们在这屏幕上看到自己的影子，以及其他一些东西的影子。由于不能见着任何其他东西，因此他们就把影子看作实在的事物。这时，终于有一个囚徒挣脱了枷锁，并且摸索到了洞穴的出口。那是怎样的一个新鲜世界啊！他第一次见到了阳光，见到了阳光照耀下的真实事物。于是他急不可耐地返回到洞穴中，告诉他的同伴们，那在墙上的东西不过是影子的世界，是实在的模糊的反射；他还试图告诉同伴们那通向光明的道路。但是，由于囚徒们始终居于洞穴之中，生活在影子的世界里，因此要他们相信阳光和真实的事物是十分困难的；更有可能的是，他们宁肯将影子当作真实的，而把实在的东西看作非本质的梦幻；也许他们还会抱怨那把他们带到阳光之下的人，因为当他们从洞穴中出来时，他们的眼睛会被阳光照耀得眩晕，变得什么都看不见。不难想象，柏拉图通过这个比喻所要表达的，正是实在与现象的区别，是具备或缺乏哲学教养的人之间的区别：如果我们仅仅执着于感性的、特殊的事物，那么我们就如同囚徒一般，只看到影子——事物的现象，但是当我们通过哲学而把握住实在时，我们便在理性和真理的阳光下看到外部事物，而且这是真实的。因此，所谓哲学家，就是"渴欲观赏真理的人"。

柏拉图的理念论具有两方面的意义：一方面是逻辑性质的；另一方面是形而上学性质的。而这两方面对西方思想史都产生了恒久深远的影响。就理念论的逻辑部分而言，它涉及一般的字的意义。比如说，对许多个体的动物，我们都能够真确地说"这是一匹马"。语言要能够通行，就必须有像"马"这样的一般的字，但是如果"马"这个字有任何意义的话，那么其意义就不能是这匹马或那匹马，而是某种普遍的"马性"——这种马性是永恒的、无时空定位的，因为它不随个体之马的生死而产生或消失。就理念论的形而上学部分而言，"马"这个字就意味着某匹理想的马，它是由神创造出来的唯一的"马"。个别的马仅仅是现象，我们对于它们只能有意见；而"马"却是真实的，我们对于它可以有知识。个别的马只是分有着"马"的性质，但或多或少是不完全的；而且由于这种不完全，才能有许多的马。用柏拉图的话来说，凡若干个体有一个共同名字的，它们就有着一个共同的理念。

柏拉图的理念论在当时便遇到了某种反驳。例如，犬儒派的第欧根尼针对柏拉图所谓的"桌子性"和"杯子性"说道："我的确看见一张桌子和一个杯子，但是我没有看见'桌子性'和'杯子性'。"而柏拉图则回答说："你说得不错，因为你的确具有人们用来看桌子和杯子的眼睛，但人们用来看桌子和杯子之本质的精神，你却没有。"

从根本上来说，柏拉图的理念论具有两个方面：一是区别开什么是理念，什么只是分有理念的东西，而绝不把两者混淆起来；二是认为理念并不在现实世界的彼岸，相反理念就是现实世界，是世界中的真实存在。这两个方面构成了一种客观唯心主义的立场，然而正是通过这一立场，一个新的问题领域得到了展开和巩固，这就是理智的世界、思想本身的世界。理念不是在直接的意识中，而是在认识中、在思想中。理念不仅是本质性的东西，而且具有普遍性的内容；通过对于理念世界的表述，柏拉图打开了一个新的理智世界——认识的世界或思想的世界。说得通俗一些：新的问题之对象不是感性的事物，不是物理的世界，而是理智、认识或思想。

第二，与这种问题的转向密切相关，同时也与理念论密切联系的，是柏拉图的认识理论或知识理论。首先是认识的源泉问题。大体说来，认识的源泉被人们看作多方面的——感情、感觉、感性的意识等。然而，问题的关键乃在于对真理的认识或对神圣事物的意识。在这一点上，柏拉图特别批判了当时流行的智者派的学说——真理是由感官给予的。在柏拉图看来，由于真理是理念（实在），所以哲学的目的和任务乃认识理念；由于理念是普遍的东西，所以它只能为思想所把握，只有通过思想的活动才得以认识。

根据这样的立场，柏拉图在《泰阿泰德篇》中提出了一种值得注意的观点——知识并不是什么别的东西，只不过是知觉罢了。针对这种观点，柏拉图通过人物之间的反复辩难，很快就证明了知觉所形成的那种东西绝不能是知识。柏拉图反对知识等于知觉的较为重要的论据在于：我们并不是用眼和耳在知觉，而是通过眼和耳来知觉；实际上我们有些知识（而且是最重要的知识）并不与任何感觉器官相联系。比如说，虽然没有任何一种感觉器官可以同时知觉声音和颜色，但我们却可以知道这两者是不一样的；虽然我们没有特殊的器官可以知觉"一般的存在与不存在、相似与不相似、同一与不同以及一与多"，但心灵却通过它自身的功能而思想这些东西。简而言之，在柏拉图看来，那些对于知识来说是最本质的东西——如比较、关于存在的判断以及对数的了解等，都不能包括在知觉之内，因为它们并不是通过任何感觉器官而产生的。

对于柏拉图的知识论来说，数学起着一种非常重要的作用。因为柏拉图对于知识的论述和阐明，几乎完全是以数学作为基准和理想形态的。例如，关于一条真正的直线或一个真正的圆形，虽然人们是运用并且谈论那些看得见的图形，但他们在思想中所保有的却并不是这些图形，而是理想的"原型"，这些原型只有凭借思想、反思才看得见，而非凭借感官所能看见。于是，在柏拉图看来，真正的知识是具有必然性真理的知识，它们不可能通过自然观察来获得，而只有通过概念、通过纯思想才能把握。根据这种观点，唯一真实的知识是关于概念的，而从感官得来的东西则不配称为"知识"。例如，2+2=4乃真正的知识，然而像"花是红的""雪是白的"这类陈述却充满了含混和不确切，因而是不能在真正的知识体系中有其地位的。

与这种知识论相表里的便是所谓的"回忆说"和"灵魂不死说"。比如讲，我们具有"完全相等"的观念，这观念却绝不能从经验中得来；因为虽说我们有"大致相等"的经验，却绝不可能在感觉的对象中找到"绝对相等"。问题在于，我们又知道"绝对相等"的意义是什么。如果说这不是我们通过感官从经验里学到的，那么这种知识必定是我们从生前的存在里带来的。所以说，一切知识都是回忆。在《美诺篇》里，柏拉图的苏格拉底声称："并没有什么教学，有的只不过是回忆罢了。"为了证明这个论点，人们带来一个从未受过教育的小奴隶，由苏格拉底来盘问他几何学的问题。苏格拉底要小奴隶依照自己的意见来回答，既不教给他什么，也不肯定什么是真的；而结果却使小奴隶说出了一个几何学上关于正方形的对角线和其两边之比例的定理。看来这个小奴隶只是从他自身中引申出知识——他只是回忆起某些他已经知道，却忘记了的东西。于是他便得出这样的结论：知识是灵魂从生前的存在里带来的。另一方面，如果说知识就是回忆，那么认识（达成知识）就表现为灵魂的潜在性，换句话说，灵魂乃不死的。就较为一般的意义而言，灵魂不死意味着：灵魂在我们生前便已存在着，并且在死后也像在生前一样存在着；就更为深层的哲学意义而言，由于柏拉图把思维理解为灵魂的实质，所以灵魂不死便意味着思维之自身运动的本性，意味着思维的内在自由。既然灵魂是不死的，所以知识只是对于已经存在于灵魂内的东西的一种回忆；既然灵魂是永恒的，所以它就善于观照永恒的事物——本质。

用我们现在的观点来看，即使撇开灵魂不死的观念，柏拉图的知识论也存在着相当严重的缺陷。虽然这种知识论对于数学和逻辑（所谓"分析真理"）来说也许仍然是有效的，但实际上它却排除了全部的经验知识；柏拉图的知识论观点尤其拒斥了以观察和实验作为获得知识的科学方法，以至于近代科学史家往往把柏拉图看作实验科学的一个巨大祸害。确实，柏拉图曾一再严厉地非难实验是渎神的，是下流的机械技术，然而如果我们采取历史观点来看待问题的话，便会发现，柏拉图的知识论观点在当时不仅是新颖的，而且是深刻的、意义重大的。其深刻的地方首先在于，它把思维、心灵、知识等提高到一个超感官的基础上来，从而不仅使之独立化为突出的研究对象，而且在原则高度上表述了思维的本性和内在自由。其深刻的地方还在于，它通过思维的内在自由不仅有力地反击了早期自然哲学家的机械决定论和主张知识完全来自外部的抽象见解，而且发挥了以自身运动为原则的思维的辩证法。因此，虽说柏拉图的知识论极大地破坏了经验自然科学的基础，并且还同其理念论一起得到了种种神秘主义的发挥，但它仍然以这一代价引导了哲学思想的巨大发展。其突出的成就特别地在于对共相的研究。可以说，柏拉图是强调共相这一问题的最早的思想家，并且从此以后这一问题便以种种不同的形式流传至今。共相问题涉及一般的字、定义、语法和逻辑等，并且由此而广泛地涉及哲学的两个主要部门，即逻辑学和形而上学。在这里，我们发现柏拉图的理论对后来的西方思想史产生了极其深远的影响：它不仅要求知识给予我们观察到的东西以一种确定的理由（逻各斯），而且开启了统治整个知识世界达两千多年的亚里士多德逻辑体系。

第三，我们要谈到的是柏拉图的理想国——思想史上最早的乌托邦。这个理论既与苏格拉底、柏拉图所肇始的问题转换相联系，又以理念论作为基础，而且还和当时社会生活的重大变迁密切相关。正如我们在前面已经提到的那样，柏拉图的时代，是雅典的民主共和国、城邦制度的基础正在迅速败坏和解体的时代，同时也是一些新的社会因素以及与之相联系的精神样式和伦理原则酝酿生成的时代。因此，虽然"理想国"或"乌托邦"后来甚至成了幻想、空虚理想的代名词，然而它最初在本质上却是作为与普遍性的理念相联系的社会目的出现的。黑格尔说得好："柏拉图那时已意识到更深的原则正在突破而侵入希腊的伦理，这种原则还只能作为一种尚未实现的渴望，从而只能作为一种败坏的东西在希腊的伦理中直接出现。……但是柏拉图的理念中特殊的东西所绕着转的原则，正是当时迫在眉睫的世界变革所绕着转的枢轴，这就显出他的伟大天才。"①

《国家篇》一开始是要给"正义"下定义。经过一些简短的讨论，柏拉图认定：（1）事物从大的方面来看总比从小的方面来看要容易得多，所以应当先着手探讨的不是正义的个人，而是正义的国家；（2）正义必定是能够想象到的最好的国家的属性，所以应当首先来描述这样一个国家，以便来断定它有哪种完善的性质可以称之为"正义"。这里实际上已提示着某些深刻的思想：个人是与国家相联系的，甚至是为国家所规定的；"正义"与其说是属于个人的，毋宁说是国家的性质，是国家中的个人或个人的国家联系所具有的东西；正义的国家是一个理念，它代表一个普遍性的原则——这原则既是理想的本质，因而唯独是由思想来把握的。

柏拉图的理想国首先把公民划分为三个等级，即卫国者、兵士和普通人。这种划分又与心灵之区分为三个部分（主体的三个环节）相对应：卫国者代表理性，兵士代表激情，而普通民众则代表欲望。这三个等级具有不同的职能，并在国家这个伦理共同体中表现其美德：卫国者执行立法、谋划的任务，其相应的美德是智慧和知识；兵士保卫共同体的安全，抵抗外来敌人的进攻，其相应的美德是勇敢；普通人的职司是满足个人的需要，如农业、畜牧、建筑、制造衣服器皿等，其相应的美德是节制（节制还是一切人应具的美德）。最后，正义乃普遍的、浸透一切的美德：有其他美德的

---

① ［德］黑格尔：《法哲学原理》，商务印书馆1969年版，"序言"第10～11页。

地方，也就有了正义；而正义就是个人通过国家方能取得其存在的合理的自由。它意味着每个人做适合其天性或本分的工作；当卫国者、兵士和体力劳动者各做自己的工作而不干涉别的等级的事务时，整个城邦就是正义的。这里表现出来的重要之点在于：就像一切美德都表现在共同体里一样，个人通过国家这一伦理实体才有正当权利成为确定的个体性；但国家不是像金属那样的凝固的统一体，而是通过其自身的差异（不同的等级）来展开它作为伦理实体的功能和内部结构的。

在柏拉图的乌托邦中还有许多著名的、有影响的和有趣味的观点。例如，柏拉图特别地强调了教育，因为教育乃维持国家的方法；通过教育，风俗礼教便成为个人精神的天性，而整个共同体是建筑在这上面的。教育最重要的部分是对统治者的教育：首先是对卫国者的教育，因为他们肩负培养风俗礼教的责任。特殊的教育手段包括宗教、艺术、科学；柏拉图还很详细地谈到，在什么情况下必须容许音乐和体操（这两个词具有比现在的音乐和体操远为广泛的含义）作为教育手段；然而他特别着重地谈到哲学，因为教育应该是关于共相和绝对存在的知识，而这就意味着关于哲学知识的教育。教育的内容应该经过严格的检查和筛选，母亲或保姆只能向孩子们讲述官方审定的故事。出于种种原因，特别是由于可能产生不幸的道德影响，在理想国中诗人是应该加以贬斥的，甚至戏剧家也应从理想国中驱逐出去。在经济和家庭生活方面，柏拉图认为卫国者（也许还要包括兵士）应该实行一种理念：除了绝对必需的东西，不得有任何私有财产。金和银都要被禁止。财富和贫穷同样有害，所以都应消除。朋友的一切东西应该是大家共同的，包括妻子和孩子在内。总之，被立法者所选定的卫国者要住共同的房屋，吃共同的伙食，有共同的妻子和儿女；这些儿女应当共同抚养和受教育。

关于理想国的其他许多细节，这里不再详谈。有意义的是，自近代以来，人们对于柏拉图的政治乌托邦褒贬不一，而关键之处乃在于：他不仅是政治理想或政治理念的始作俑者，还是政治家长制和专制主义之父。因此，一方面，他被当作"虚幻理想"的代表而受到挖苦，被当作民主主义和自由主义的死敌而遭到抨击；另一方面，他又被当作政治理想主义的先驱而得到颂扬，被当作道德哲学（法哲学、政治哲学）的奠基人而受到尊重。确实，这两个方面对于柏拉图来说都是无可推诿的。然而问题恰恰在于，从这种似乎是对立的方面和意见中分辨出的这第一个乌托邦，对于思想史的重大意义。

例如，最能表现理想国特征的，并且作为理想国最重要结论的，乃柏拉图所说的：哲学家要成为王，或统治者应当是哲学家。要用经验证据来批评这个观点并不困难，而要用嘲笑来挖苦哲学家的妄自尊大尤其容易。但是，从根本上来说，这个观点对于思想史来说究竟意味着什么，究竟提供了哪些有价值的东西呢？这无疑是一个远为困难同时也远为重要的问题。我们看到，具有伟大的历史感和洞察力的黑格尔，正确地指证了这句最遭非议、最违反人们常识的话所具有的深刻意义。第一，由于哲学家无非哲学的人格化，所以这话涉及哲学与现实世界、与国家的关系；哲学不是仅仅停留在个人思想里面的东西，而要涉及法制、政府、现实世界。第二，既然哲学是对普遍原则——真理、正义——的意识，所以哲学家管理国家，便意味着根据事情的本性来处理问题，根据普遍原则来决定整个情况，而这就需要对问题和事情的概念有所认识。第三，哲学与政治结合，还意味着应该使现实与概念相一致，也就是说，使理念成为存在。因此，所谓治理，就是以普遍原则规范现实的国家，或使现实的国家成为普遍原则。正是因为有这样一些重要而深刻的思想，柏拉图以理念论为基础的理想国，便在理论上开启了一个巨大的研究领域——提供了对人的本质、国家或伦理实体进行哲学研究和科学研究的基础；不仅如此，它还通过观念形态的新创制，对西方文化的总体精神（特别是对其国家、法制、伦理和道德的主要原则）产生了多方面的规范作用，提示了发展取向的主导方面。

三、柏拉图对后世的影响

无论是在学术知识方面还是在社会生活方面，我们都很难简单地断言柏拉图的影响是好还是不好，但是有一点却可以肯定：柏拉图对后世的影响是巨大的，就西方文化而言甚至可以说是无与伦比的。就像希腊往往被看作西方文明的直接源头一样，希腊思想成就的巅峰汇集在雅典造就的三位巨子身上，而柏拉图又恰好站在中间：他是苏格拉底的继承人，又是学园的创立者和亚里士多德的老师。

　　柏拉图对后世的影响不仅是巨大的，而且是多方面的。如果从最一般的方面来说，他的成就和影响涉及三大领域，即哲学、宗教和科学。在哲学方面，他首先承继了苏格拉底，决定性地完成了由物理宇宙向认识自我的问题转向。这一转向不仅使以往的问题环绕一个新的理智中心来展开，而且较为巩固地开辟出一种与探测物理事物迥然不同的研究方式，即根据人的意识来进行描述和定义的思维的辩证法。柏拉图还有力地推进了苏格拉底的理念论，并以此为中心构筑起历史上第一个庞大的客观唯心主义体系。正是由于柏拉图，哲学的要目得到了新的制定，由此而形成的哲学的主要部门——逻辑学、形而上学和道德哲学——乃成为哲学研究之经久不衰的基地。我们可以说，从柏拉图开始，哲学的领域整个被思想浸透了：这一方面意味着认思想为宇宙之本质的唯心主义立场；另一方面又意味着思想成为具有原则高度的研究对象，意味着思想作为一个统一体而提示思维对存在的关系这一重大的基本问题。在这个意义上，黑格尔说："哲学作为科学是从柏拉图开始而由亚里士多德完成的。"也是在这个意义上，柏拉图的哲学贡献较之于在他之前或之后的思想家的贡献更具实质性——他是一个奠基性的人物，他对几乎每一个哲学问题都说出过一些重要的和有价值的东西；罗素甚至认为："极少有哲学家能在思想的广度与深度上与柏拉图相比，而超过他的人则一个也没有。"①

柏拉图所产生的具有世界历史意义的影响，还在于其学说通过新柏拉图主义对早期基督教的形成和发展起到了重要的作用。基督教的神学和哲学，至少一直到13世纪，主要都是柏拉图式的。柏拉图的数的神秘主义，以及对实在与现象、理念与感性对象、灵魂与肉体的二元劈分，都或多或少、或直接或间接地成为基督教神学的思想材料；特别是灵魂不死的观念，经过演变而成为基督教学说的主干之一，以至于如果忽略了柏拉图，教父们的神学几乎就变得无法理解了。虽然也许有人会认为，新柏拉图主义者和教父们是误会或误用了柏拉图的思想，片面地或过分地发挥了柏拉图关于理念的表象和神话的表达方式，但是无论如何，柏拉图那指向理智的、超感性世界的精神方向，以及把内在的精神本质理解为人的真正本质的见解，却是与基督教的主导原则相吻合的，并且其学说的诸多原理也确实构成或演变为基督教的精神先导和神学的思想支柱。如果从西方社会和文化发展的总体着眼，那么我们可以说，柏拉图对于基督教以及通过基督教而对后世产生的影响，也许是至关重要的。

难道这位在哲学形而上学和宗教精神方面影响深远的人物居然也能在科学方面有所贡献吗？是的，确实如此。虽然柏拉图的思想

---

① ［英］罗素：《西方的智慧》，商务印书馆2019年版，第75页。

从总体上来说是与经验自然科学的主要方向相对立的，但是这一点并不妨碍他做出诸多天才的构想和猜测，而这些构想和猜测（大多是在逻辑和数学方面并通过这两个方面）又对科学发展产生种种的影响。这不仅是因为自然科学本身也并不完全局限于观察和实验，还因为科学的发展往往促成对某些古老思想的重新发现。例如，柏拉图认为，球是最完美的形式，所以宇宙必然是球体的；为了标志时间，便有在圆圈中运行的天体；如果把柏拉图的一些圆圈连接起来，可以得到太阳绕地球运转的视轨道（后来由托勒密加以详尽发挥的天文学雏形）；但据说柏拉图后来又认识到，若假定地球是运动的，便可以更简单地说明天文现象——日心说假说很可能是学园的一个重要发明。在数学领域，柏拉图亲自阐明了负数的观念；把数列的开端看作是零而不是单位；柏拉图还提出过数不可能添加的见解，这被看作非常现代的数的观念的胚芽。在几何学领域，柏拉图认为线是由点的运动产生的，这种观点在牛顿和莱布尼茨的流数理论中起了主要作用。此外，在柏拉图的宇宙生成论中，他把构成物质世界的四种元素——火、土、气、水——依次看作由两种基本的三角形组成的几何立体，并依三角形的配置来表示元素间的转换。这种转换理论甚至被看作"现代物理理论的卓越的先驱"——柏拉图比德谟克利特的原子论走得更远，因为基本的三角形可以说是现代所谓基本粒子的对应物。最后，那些即使是对于今天的科学来说也是非常重要的东西，如假说和演绎的方法、服务于物理解释的数学模型，以及普遍的定义和归纳推理，都是通过柏拉图而得到确定、阐明，并取得较为稳固和完善的形式的（虽然其中的某些部分要归功于苏格拉底）。

我们说柏拉图对后世的影响是多方面的，不仅在于这种影响涉及诸多极为广阔的思想领域，还在于他所产生的影响是有着多重侧面的。就像他的理想国既有共产主义的表达又有反民主的极权主义的倾向，既有宏伟的理想主义又有那个时代的狭隘眼界一样，他的哲学一方面有精致的思想和论证，另一方面又有粗陋的表象和神话；一方面有深刻的批判精神和怀疑论，另一方面又有强烈的神秘主义；一方面为科学的基本框架提供了有价值的思想支柱，另一方面又强有力地摧毁和压制了经验自然科学的蓬勃生机。如果按照不同的立场来判断，那么也许有人会说，柏拉图的影响是文明和历史的幸运；而另一些人也许会说，柏拉图的影响恰恰是人类进步的祸害。然而无论如何，这两方面的影响确实都是存在的，而且确实出自同一个柏拉图：他既为广义的知识和科学奠定了深厚的基础，同时也为世俗的迷信和蒙昧主义大开方便之门。因此，甚至有人设计了一个戏剧化的场景，把柏拉图的形象区分为两个：一个叫"柏图"；另一个叫"拉图"。前者是一个神秘主义的形象，是一个倡导灵魂不死的宗教家，一个寡欲修行的伦理主义者；而后者则是一个科学家的形象，是一个倡导理性知识的思想家，一个热衷于数学、逻辑和语言研究的探索者。

然而，把柏拉图区分为两种不同的形象，并使这两个形象受到不同评价的是历史，是现实的历史及其发展。正像历史的发展曾经把"柏图"突出，也曾经使"拉图"闻名一样，对这两个形象的取舍和评价亦是为历史进程所左右的。历史上的柏拉图是这样一个思想家——他通过思想的艰难探索和宏大创制而参与、影响了历史，并且其影响的久远和深刻正同其思想的多重侧面相联系，这就显示出柏拉图的伟大。也许我们现在可以容易地指证柏拉图在理论上的种种错误，但我们同时还需认识到，对于柏拉图来说，理论上的错误并不就是历史上的错误，而历史上出现的理论错误也并不完全是虚妄的东西。例如，就理念论来说，如果它仅仅是一种个别的学术观点，那么它一经在学理上被驳倒也就无效了，但是如果说它还在历史上演化为一种重要的文化传统——一种虽经删削改制却仍然保持其恒久的精神样式或路向，那么问题就不仅仅取决于单纯的学理评判了。对于柏拉图的思想及其影响，正需以这样一种历史的眼光来看待；而通过这种眼光，我们就不难发现，柏拉图是对西方的文化精神和思想方式产生最深刻影响的思想家之一，是少数几个可以称之为"立法者"的思想家之一。

亚里士多德

▼

在他之前没有人对学术做出过如此重大的贡献，在他之后没有人可望与他的成就相匹敌。

——乔纳逊·伯内斯

亚里士多德（Aristotle）是希腊哲学的集大成者，代表着希腊思想成就的顶峰。在哲学思辨的深刻方面，以及在知识涉猎的广博方面，无论在他之前还是在他之后，都很少有人可以望其项背，他是有史以来最精深的思想家之一，又是一个具有开创性的百科全书式的巨人，所以除开那些已经得到发展的科目，西方后世的几乎任何一种学术，都可以追溯到亚里士多德，与其有某种渊源——生物学、修辞学、逻辑学、心理学、文艺学，甚至还包括政治经济学。

然而，由于他在学术上无与伦比的成就，也由于历史赋予他日渐隆盛的权威（直到伽利略时代，亚里士多德的权威性几乎始终是和基督教教会的权威性一样至高无上和不容置疑的），他的名声和观点的权威性竟然成了近代进步的一个严重障碍。结果是，自17世纪以来，学术知识的差不多每一步发展，都必须同亚里士多德的权威相斗争，都是从抨击某种亚里士多德的学说开始的——在哲学方面是如此，在科学方面也是如此。

伽利略在比萨斜塔上所做的自由落体实验便是一个著名的例子。传说伽利略经常在学院的教授们途经斜塔的时候来做这项实验，以便向那些亚里士多德派的学者证明，不同重量的铁球是同时着地的，而不像他们依据亚里士多德的权威所设想的那样，较重的东西比较轻的东西更快地降落到地面上。不管这种传说在实际上是否真实，它的意义却是真实的：它不仅意味着近代的科学进步正在形成着的新原则，而且意味着这种进步是对亚里士多德权威的挑战。然而，与其要亚里士多德来对这样的结果负责任，毋宁说这样的结果对亚里士多德来说是某种"不幸"。亚里士多德本人和"亚里士多德的权威"毕竟是两回事。如果说后者确实对近代的学术进步起了某种阻碍作用,那么前者(亚里士多德本人)则不同,他是科学的巨匠、知识的伟大探索者和推进者,他把自己的心血一直浇灌到学术领域最遥远的边缘。

一、亚里士多德的老师和学生

　　亚里士多德生于马其顿的斯塔吉拉，生年大约是公元前384年。他的父亲尼各马可是马其顿王的御医，据说除了医学还精通物理学。亚里士多德父母早亡，后来由他的一个亲戚普罗克塞那抚养成人。对此养育之恩，亚里士多德终生不忘——他为恩人建了纪念像，把恩人的儿子收为己子并立为遗产继承人。

　　由于时代间隔久远，亚里士多德的人物形象对于我们来说是模糊的，有些记载和传说恐怕也是猜想的成分居多。亚里士多德的一位传记作者曾把诸多说法汇总起来以描述这位思想家的形象："他出身富门，手上戴着戒指，留着时髦的短发，多少有点花花公子的味道，他消化不良，据说是个瘦高个。他长于口才，讲课时条理清晰，谈话时富于说服力，机智锋利，妙趣横生。为数不少的敌对者把他看作狂妄自负、桀骜不驯之徒。他那留存至今的遗嘱充分体现了慷慨大方、体贴他人的品质。他的哲学著作大部分都不涉及他个人，但仍可看出他是个注重友谊又赞许自立的人；而且这些著作也表明，当他意识到自己在一个值得尊敬的传统中的地位时，是颇为自己取得的成就而自豪的。"①

虽说关于亚里士多德的生平事迹我们知道得不多且不清楚，但有两件事却是确定的：他曾经是柏拉图的学生，曾经做过马其顿王亚历山大的老师。在17岁（一说18岁）时，他来到雅典进入了柏拉图的学园，在那里学习了二十年，直到柏拉图去世。不难想象，在这段漫长的学习期间，亚里士多德不仅有机会充分地了解和认识柏拉图的哲学，而且还为制作阐发自己的宏伟思想奠定了坚实的基础。学园为当时得到发展的各种学科的研究提供了最优越的条件，特别是数学、修辞学和逻辑学等方面的研究无疑是首屈一指的，而其中的绝大部分则成为亚里士多德毕生耕耘并获得巨大收成的领域。我们知道，学园中的亚里士多德在修辞学方面崭露头角并获得声名，而他对动物分类的工作亦是在学园时期完成的。没有理由怀疑亚里士多德对柏拉图真诚的尊敬；当柏拉图去世时，亚里士多德在一首挽歌中盛赞道，他是一个"坏人甚至无权称颂的人"，他第一个"通过自己的生活和论证清楚地证明了一个人可以同时既是善的又是幸福的"。

柏拉图去世后，学园的继承人由谁担任成了问题。据说柏拉图没有选择亚里士多德，而是挑选了斯彪西波。对此有种种的传说，然而事情实际上并不复杂，正如黑格尔所说的那样：一方面，如果

----

① ［英］乔纳逊·伯内斯：《亚里士多德》，中国社会科学出版社1989年版，第1～2页。

学园的未来是希望把柏拉图所主张的哲学更加确切地维持下去，那么斯彪西波乃最适宜的人选；另一方面，真正成为柏拉图继承者的仍是亚里士多德，因为他不仅是以柏拉图的意义理解哲学的，而且以更深刻、更完善的方式把哲学大大地向前推进了一步。亚里士多德曾说过："吾爱吾师，但吾更爱真理。"也许这句话可以是他未成为学园的新领袖却成为柏拉图的真正继承者的最好注释吧！

于是，在柏拉图去世以后，亚里士多德便离开了雅典，去了小亚细亚的密细亚。那里的统治者赫尔米亚是亚里士多德过去在学园时的同学，和他有相当亲密的友谊。不久，亚里士多德便娶了赫尔米亚的侄女（一说是赫尔米亚的女儿）为妻。然而，在一次波斯的征服行动中，赫尔米亚被擒获并被波斯王下令钉上了十字架。亚里士多德不得不携妻逃亡，前往累斯博斯岛的米提利尼。

公元前343年，亚里士多德被马其顿王腓力二世召进宫廷，担任亚历山大的教师；当时亚历山大13岁，亚里士多德担任这个职务达三年之久。在一封传说是腓力二世写给亚里士多德的邀请信中，有这样一段话："我有一个儿子，但我感谢神灵赐我此子，还不若我感谢他们让他生于你的时代。我希望你的关怀和智慧将使他配得上我，并无负于他未来的王国。"[①]关于亚历山大后来所完成的具有世界历史意义的勋业，我们是很熟悉的：他在即位后平定国内的

---

① ［德］黑格尔：《哲学史讲演录》第二卷，商务印书馆2017年版，第286～287页。

反叛，随后率马其顿—希腊军大举东侵；经过长达十年的远征，他从巴尔干半岛往东至印度河、向南到尼罗河，建立起横跨欧、亚、非三洲的庞大帝国；亚历山大的远征促成了东西方经济与文化的交流，并且使整个希腊文明的传统得到了广泛的传播和保存。然而，亚里士多德究竟教给了这位王子什么呢？他对这位未来的大帝究竟产生了多大的影响呢？

对于这样的问题，人们的意见是很不一致的；而且事实上，除开种种猜测，可靠的资料几乎完全没有。传说他们之间有过一些通信，但这些信件已经被公认是伪造的了。有人（如黑格尔）认为，亚里士多德对亚历山大的影响具有无可估量的重要性，亚历山大精神和事业的伟大不仅是对其老师的最好鉴定，而且表现了哲学之最有价值的实际用途。但也有人（如罗素）认为，亚里士多德对其学生的影响几乎等于零，因为他们两人不仅在性格方面，而且在政治观点方面大相径庭；更加可能的是，老师在学生眼里只是一个"没趣味的老迂腐"，而老师则把学生看作一个"放荡而执拗的孩子"。因此，"这两个伟大人物的接触似乎是毫无结果的，竟仿佛两人是生活在不同的世界里一般"。①

既然在这里我们无法依靠实证材料，那么就只有通过想象了；而如果诉诸想象的话，我们倾向于认为黑格尔的说法是更加合乎情理的。教育的真正问题较少地在于培养一个人的性格，也较少地在

---

① ［英］罗素：《西方哲学史》上卷，商务印书馆 2011 年版，第 205 页。

于影响一个人的政治观点，更多地在于培养和发展一个人的人格精神。就这一点而言，亚里士多德对亚历山大的影响不仅是可能的，而且这种影响很可能是非常大的。因为从老师这方面来讲，"亚里士多德是知道什么是真理，什么是真的文化教养的"[①]；从学生那方面来讲，亚历山大"达到了这种对自己的完满的确信，这种确信是只有思想的无限勇敢才能给予的"[②]。也许合理的想象应该到此为止了，因为更多的猜测虽然可能是美好和有趣的，却会变得像幻想一样漫无边际。

还有一则故事也是牵涉到亚里士多德和亚历山大的关系的。据说亚历山大在亚洲征战时，凡发现有什么关于动物和植物的材料，都派人送交给亚里士多德；他甚至安排了数千人（他们是狩猎者、捕鸟捕鱼者、看管猎苑鱼塘者、牧羊者、养蜂养鸟者）来为亚里士多德服务，为他提供自然研究的宝贵资料。虽然也有人怀疑这则故事的真实性，但亚里士多德的生物学研究时时参考农人和畜牧者的报道，则可能是真实的；而且，亚历山大的远征对于博物学的创立肯定具有某种重要的意义，因为我们很难设想亚里士多德能在一个非常狭隘的圈子里为博物学的广泛研究奠定基础（据说亚里士多德撰写了五十部博物学著作）。

在公元前335年以后的十二年间，亚里士多德回到雅典，创办了

① ［德］黑格尔：《哲学史讲演录》第二卷，商务印书馆2017年版，第287页。
② 同上，第288页。

自己的学园"吕克昂"（Lyceum）。在那里他成为公众的教师，并写出了他的绝大部分著作。至于学园后来以"逍遥学派"（或"漫步学派"）而闻名，有人猜测是由于吕克昂包括许多有树木、喷泉和柱廊装点的林荫路，还有人说是因为亚里士多德习惯于在花园走廊里漫步授课，一边走一边讲学。

在学园中著述教学的平静生活因亚历山大之死而被打破了。亚历山大死后不久，雅典出现了反马其顿的怒潮，一直留恋自治的雅典人奋起反抗马其顿王的统治。由于亚里士多德和马其顿的密切关系，雅典人便对他敌视，他们撤销了先前授予亚里士多德的荣誉，并指控他犯有不敬神的罪过。于是，亚里士多德把学园托付给狄奥弗拉斯图，自己则去加尔西斯避难，以免让雅典人"再一次对哲学犯罪"（前一次是他们处死苏格拉底）。次年，亚里士多德在离群索居的忧伤中溘然长逝，享年63岁。

亚里士多德遗留给后世的是其精深广大的思想和闳博无比的著作。他的著作散佚很多，后来又被加进了不少讹误；流传至今的大约是原稿的四分之一或五分之一。然而，即便是这些遗留部分（约四十种），也足以成为其思想之宏伟深刻的明证。按照他自己对知识的分类，其学术研究也涉及三大领域：（1）理论科学——如数学、物理学（自然科学）、神学（第一哲学或形而上学）；（2）实践科学——如政治学（又分为经济学和统帅术）、伦理学；（3）创制科学——如艺术、诗、修辞、农业和工程；等等。

二、亚里士多德的哲学思辨

文艺复兴时期的艺术大师拉斐尔曾作《雅典学院》，其间居中的两大人物便是柏拉图和亚里士多德：前者伸手指天，而后者覆掌向下，意在表现两位思想家原则立场之差异、哲学着眼点之不同。

确实，亚里士多德不仅是柏拉图的学生，也是柏拉图学说的批判者。人们通常认为柏拉图哲学的旨归乃理念，而亚里士多德的哲学则建立在经验之上。这种差别是存在的，然而后来却往往被夸大了。因为亚里士多德虽则经常从经验着手，其论证方式也往往是经验的，但他在把握现象时处处关心确定的概念，亦即力图以概念的形式去把握精神和自然之诸多方面的本质，从而达到真正的思辨规定。就这一点而言，亚里士多德与近代的经验论或实在论大异其趣，相反倒是与柏拉图的唯心论有渊源关系。因此黑格尔认为，亚里士多德的哲学是一种更深刻的思辨唯心论，而且它是"建立在广博的经验的材料上的"。

最能表现柏拉图和亚里士多德之间理论关系的，乃后者为取代理念论而提出的"形式—质料"说。亚里士多德不满意于柏拉图的理念论，他举出了不少理由来批评这种理念，其中有一个很著名的论据（所谓"第三人"的论据）说：如果一个人之所以为人是由于他相似于人的理念（理想的人），那么就必须有一个更理想的人，而理想的人便应该相似于这个更理想的人。此外，还有一个论据说：如果苏格拉底既是一个人又是一个动物，那么理想的人是否同时是一个理想的动物呢？如果回答是肯定的，那么理想的动物就必定会和动物的种类一样多。不难看出，在这里既存在逻辑上的困难又存在理论上的困难。

于是，亚里士多德便提出了他的形式—质料说。根据这种理论，作为基本事物的实体，一方面是质料，另一方面是形式；易言之，实在的对象是质料—形式，即两者的结合。用亚里士多德的例子来讲，"平静的海"之质料是水，其形式是平静。又比如说，某人制造了一个铜球，那么铜便是质料，而球状乃形式。就质料与形式的关系来说，前者是惰性的基质，后者是能动的或创造性的形式；或许还可以在一种比拟的意义上说，前者是作为"原料"的东西，后者是作为"灵魂"的东西。因此，当形式加诸质料时，便使之成为它所是的东西；也就是说，形式赋予质料以特性，从而使质料成为某种确定的东西，成为实体。

讲到这里，人们也许会觉得亚里士多德的这种理论不过是平易简单的常识；然而事实上，这里却包含着非常深刻的东西，包含着试图克服理念论之诸多困难的努力。首先，形式—质料说旨在解除理念世界和现象世界的抽象对立，以便在形式和质料的统一性中去理解和把握实体世界。其次，亚里士多德力图克服现实的东西"分有"理念这样一种说法的空洞性及其理论矛盾，以便达成这样一种现实性，即通过规定形式对质料的关系或矛盾运动，给出实体的各种不同的方式。最后，亚里士多德的学说与抽象的理念论不同，它要求达到活动性和现实性，要求在所谓客观的东西中注入生命的原则、主观性的原则，所以亚里士多德攻击柏拉图的理念和毕达哥拉斯派的数，因为它们是静止的、不动的，没有被规定为活动性、实效性，它们不包含一个能动的原理，因而也就没有什么运动了。

事实上，与"形式—质料"说相表里的乃亚里士多德关于"潜在"和"现实"的理论，而这种理论是为了说明运动或变异的。在较为一般的意义上，"潜在"是指现实的可能性，而"现实"则意味着可能性的实现。如果联系着形式与质料的学说，那么可以说，质料是形式的潜在，而形式是质料的现实。所谓变异或发展，既是质料获得形式，也是潜在转化为现实。例如，甲是一块大理石，乙是一座大理石雕像；就形式—质料来说，过程在于乙赋予甲一种形式；就潜在—现实来说，甲是乙的潜在，或乙是甲的现实。在自然变化中，比如说种子是植株的潜在，鸡是卵的现实；在加工对象中，比如说棉是纱的潜在，桌子是木材的现实。而无论在哪一种场合，发展或变化都意味着甲成为乙；说甲是乙的潜在，意味着甲是一系列性质的承担者，而这些性质乃乙的现实的可能性；说乙是甲的现实，意味着乙需要一系列的条件，而这些条件乃使甲的可能性得到实现。

这种关于发展或变异原因的讨论，是在哲学思辨的（所谓"形而上的"）高度上进行的，而亚里士多德在这方面的贡献确实是十分重大的。有一些哲学家（如巴门尼德）曾简单地否定变异问题，因为这个问题太难以解决了。即便是柏拉图的理念，虽然是自在自为的绝对者，但由于缺乏一个活动性的原理，因而仍然是静止的，是不能实现什么东西的。而亚里士多德则试图通过概念的环节来考察不同的实体，并通过这种考察来达到这样一种哲学高度的原则——绝对者在它的静止中同时也是绝对的活动性。这是一个普遍的原则，它对于后世的思想和学术有相当重要的影响。

例如，关于"感性的实体"，亚里士多德讨论了它的变化、它向对方的转化、对立面之外的第三者（亦即在变化中持存着的东西）。关于"较高的一种实体"，他讨论了"能力"、一般的活动性，讨论了活动性所包含的"目的"，以及目的通过活动性的实现。最后，亚里士多德的哲学思辨达到"绝对的实体"，这是最高之点，即真理；因而是主观和客观的统一，可能性和现实性的统一。最高的实体是"不动的推动者"。换言之，它是不动的和永恒的，而同时又是"推动者"和纯粹的"活动性"。

要用现在的观点来评价亚里士多德的这种哲学，是颇为不易的，这不仅是因为其形而上学对后世的影响是多方面的，还因为这种多方面的影响在历史的变迁中意义是相当不同的。比如，应当怎样来理解和评价"不动的推动者"呢？一方面，这"不动的推动者"是神，是宇宙的目的论的根据；另一方面，正是通过这神、这目的，宇宙的变化和发展得到了一种原则高度的表述。单纯的质料乃形式的潜在，某一事物在变化之后便具有了更多的形式；而具有更多形式的，则被认作是更"现实的"；神是纯形式或纯现实，因而是不动的推动者。不难看出，这种学说既是一种目的论的宇宙观，又是一种乐观主义的宇宙观。按照这种宇宙观，世界的发展指向一个终极的目标，因而是不断地朝着比过去更为美好的方向发展的。

这种宇宙观对后世的思想、学术和宗教都产生了影响，有人甚至把它称为一种"进步与演化的宗教"。这一点可以特别地从亚里士多德的"四因说"中看出：关于变化的原因，亚里士多德列出了四种：（1）质料因；（2）形式因；（3）动力因；（4）目的因。如果我们举一个雕刻家的塑像为例，那么，"雕像的质料因就是大理石，形式因就是要塑造的这座像的本质，动力因就是凿子与大理石相接触，而目的因就是雕刻家心目中的目的。在近代的术语里，'因'这个字眼是只限于动力因的。不动的推动者可以看作是一种目的因：它为变化提供了一个目的，而那本质上就是朝着与神相似的一种演化"。① 在这个意义上，亚里士多德的学说是更看重目的因的；而近代自然科学的伟大复兴，却首先是坚决地摒弃目的因观念，并把因果关系的理解限制在动力因的范围内。就这一点而言，近代自然科学的最初发展是在同亚里士多德权威的斗争中获得蓬勃生机的。但这并不意味着目的因是一切学术思想都应予以拒斥的东西；如果说目的论关系在生物学领域中至今仍然是一个非常重要的方面，那么对于人类社会的研究而言，目的论关系简直就是一个不

---

① ［英］罗素：《西方哲学史》上卷，商务印书馆 2011 年版，第 215 ～ 216 页。

可须臾相失的理解前提了。

从亚里士多德形而上学的主要性质来看，这种学说并不是与柏拉图的理念论全然不同或根本对立的东西。一方面，质料自身只是一种可能性或潜在性，还不是现实性；形式才是现实性——只有通过形式，质料才成为真实的。在这个意义上，形式归根结底比质料更为重要。因此，有不少思想史家认为，"形式"之于亚里士多德，就像"理念"之于柏拉图一样：它本身具有一种形而上的存在，并规定着一切个别的事物。但是另一方面，亚里士多德又本质重要地改变了理念论，他不仅在抽象的理念中增加了变化、发展的原则，在单纯肯定的原理中注入了否定性（区分、规定）的环节，还力图通过可能性向现实性的转化，来把握理想世界和现实世界的统一。虽说质料只是可能性，而形式给它以现实性，但是形式不能没有质料或可能性。因此，实体便有着不可分割开来的质料和形式、可能性和现实性。正像变化是能动的形式的获得（或规定）一样，一切变化都需要一个基质，因为变化就是在这个基质上进行的。

由于这样一系列的改造和推进，亚里士多德构造了一种更深刻、更精致的形而上学，从而也表述了一种更具体、更"有机"的世界观。真理是主观和客观的统一，是思维和思维对象的统一；这个统一不是抽象的肯定，而是包含否定性环节的统一；因而统一体现为变化、发展，体现为一种"目的关系"的过程；然而这目的又不是空洞抽象的，它还是能力、活动性，亦即目的的实现。

三、说不尽的亚里士多德

如果说柏拉图主要是一位哲学家，那么对于亚里士多德，我们就很难这么说了。他的学识渊博到这样一种程度，以至于他什么都不愿轻易放过；而对于所涉及的一切，他又详尽地述说了在今天看来仍然是重要的和有价值的思想。

例如，我们知道，亚里士多德被称为"逻辑学之父"，因为他第一次完整地创立了纯粹形式的逻辑学体系。虽说在逻辑学方面，有一些思想家确实可以被看作先驱者（其中柏拉图贡献尤著），但只是到了亚里士多德手中，逻辑学才真正成为完整的形式化体系。大体说来，亚里士多德之于形式逻辑的创制，就像欧几里得之于几何学的伟大创制一样。这种逻辑学直到19世纪还占据着至高无上的地位，并被看作给予其"创立人的深刻思想和抽象能力以最高荣誉的作品"。

亚里士多德的逻辑学包括三个部分，即概念、判断和推理，其中又以判断和推理的分析研究为主要部分。就概念而言，亚里士多德主要把它规定为逻辑的实在者，其本身是一种被思维的东西或可能性的东西。关于判断，亚里士多德作了非常广泛而细致的分析：首先是区分简单命题和复合命题；复合句由简单句构成，而逻辑学所研究的简单句就是判断。其次是区分判断所包含的词项：判断总是肯定或否定某物具有某种属性；如果一个判断肯定或否定S具有P属性，那么S和P就是判断的词项——S是主项，P是谓项。再次是区分判断为全称的和特称的：肯定或否定所有S是P的是全称判断；肯定或否定有些S是P的则是特称判断，这样判断就有了四种类型：（1）全称肯定判断；（2）全称否定判断；（3）特称肯定判断；（4）特称否定判断。最后，亚里士多德还区分和讨论了判断的模态，它们包括实然判断，用以表示某物适用（如"有些树高达十英尺"）；必然判断，用以表示必然适用（如"每个人都必然会死"）；或然判断，用以表示可能适用（如"鱼可能不睡觉"）。至于说到推理，那么亚里士多德的"三段论"是非常闻名的。他非常精详地研究了种种推理，认为所有推理都包含三个简单判断，其中两个是前提（大前提和小前提），一个是结论。例如：

（1）凡人都有死。

（2）苏格拉底是人。

（3）所以苏格拉底有死。

这是我们最熟悉的一种三段论，此外还有一些其他的种类；不同的种类又被亚里士多德区分为三种格。他仔细地规定了从什么样的组合中才可以正确地推出结论，在什么样的组合中不可能推出正确的结论。亚里士多德在《前分析篇》中提出，每种证明、每种演绎推论（三段论）必须凭借我们讨论过的三个格而进行。在这里重要的是，亚里士多德不仅透彻而全面地研究了推理，而且认为一切演绎的推理如果加以严格的叙述便都是三段论式的，而有效的三段论能够避免一切论证上的谬误，能够在逻辑上保证结论的绝对可靠性或必然性。尽管亚里士多德的逻辑学体系在最近一个世纪里遭到了某些批评和挑战，但他对这门学科的贡献至今仍然是无与伦比的：他通过认识和规定思维所采取的形式把握了抽象理智的活动，他通过指证矛盾律和排中律概述了形式逻辑的基本原则，他在系统地研究和发挥逻辑学的形式化体系时还率先使用了范式化的字母——没有这一伟大的发明，逻辑学就不可能成为关于推论的一般性科学，而它在当代的发展也是不可想象的。伯内斯评论说：亚里士多德的逻辑学"达到了令人叹为观止的概括水平，即使它不能再被认作是完整的逻辑，它也仍然能被推崇为一个近乎完善的逻辑部门"①。

亚里士多德做出最重要贡献的又一领域是生物学，在这一领域中，直到19世纪人们还很少取得新的进展。亚里士多德在学园时期就完成了动物的分类工作，而他居住在爱琴海沿岸时期又进行了大量的海洋生物学研究。亚里士多德是为生物科学奠定基础的思想家。他给出了一个关于生命的重要定义，即"能够自我营养并独立地生长和衰败的力量"。在记载和认识事实方面，亚里士多德的许多看法甚至是到近几百年来才被重新发现的。例如，他认识到鲸鱼

① ［英］乔纳逊·伯内斯：《亚里士多德》，中国社会科学出版社1989年版，第64页。

是胎生的；他把软骨鱼和有骨鱼区别开来；他反对认父亲是唯一真正亲体的胚胎学观点；他描述了鸡胎的发育，注意到心脏的形成，并观察了心脏在蛋壳中的跳动。他把动物学分成三大部分：首先是"关于动物的记录"（自然史）；其次是"论动物的各部分"（亦即解剖学和普通生理学）；最后是"论动物的生殖"（大体上属于生殖学和胚胎学）。亚里士多德在广泛研究的基础上，推翻了先前在动物分类问题上的对分原则，并制订了一个新的分类表，它较之于以往的任何分类表都更接近于现代的分类系统。

亚里士多德在生物学方面的巨大成就是同其哲学世界观相联系的——他主张一种有机的、强调目的因的哲学。如果说在近代物理学（以及化学）中动力因的解释已有效地夺取了目的因的地盘，那么在生物学领域中，就像在一般人类活动的领域中那样，指出目标（或目的）是某种行为的原因并不是无关紧要的。在这样的领域中，目的因往往构成合理解释的基础。例如，亚里士多德在批评以前的博物学家关于呼吸的见解时说，他们如果追问一下呼吸在动物身上存在的目的，并联系器官（鳃和肺）来考虑这个问题，他们本来可以更快地发现其原因。亚里士多德对这个问题的回答是：呼吸的目的是要使血液和空气接触，以便使血液冷却。这种说法就像他关于生理学的其他一些观点一样，在我们今天看来是不正确的，然而或许是当时所能提出的最好的也最有价值的学说。

比较起来，亚里士多德在物理学和天文学方面的理论就颇令现代人感到失望了。例如，他曾坚决地抨击了原子论，并返回到四元素的见解：物质的本质可以从四种不同而且相反的本原性质中找到；热和冷、湿和燥这四种性质的彼此结合便形成四种元素——土、水、气、火，而这四种元素又按不同的比例组成不同种类的物质。他把运动归因于引导一切东西寻求其天然归宿的内在本能，并且认为物体本身按其本质而有轻重之分。他认为大地是球形的，位于宇宙的中心；月亮以下的东西是有生灭的，而自月亮以上的东西则是永恒不朽的；月亮以下的东西由土、水、气、火四元素构成，而天体则由另一个第五种元素构成。他还主张地上元素的自然运动是直线运动，而第五种元素的自然运动则是圆运动；"不动的推动者"在直接地造成圆运动，而且圆运动是唯一能够持续无限的一种运动；各层天都是完美的球形，而越是上层的区域就越比下层的区域来得神圣。

这些理论不符合近代发展起来的物理学和天文学，是没有疑问的。需要指出的是，这些学说一方面受到历史的局限，另一方面与亚里士多德的"世界观框架"密切相关。有不少研究者曾指出，柏拉图的哲学是"数学性质的"，而亚里士多德的哲学则是"生物学性质的"。就后者而言，它更多地倾向于一种目的论的解释，而我们现在很清楚地知道，把"目的"这一概念运用于"死的物质"，是与科学物理学的要求背道而驰的。如果撇开价值评判，也许可以说，这是两套完全不同的世界观框架（或"研究纲领"）。当代科学哲学家弗兰克认为，近代的科学发展意味着"机体论"的世界观被"机械论"的世界观所代替。例如，亚里士多德曾说过，动物的运动比石头的运动更容易理解，而我们今天对这种说法感到惊讶，因为我们的观点恰好相反。确实，除了极少数的例外（如德谟克利特和阿基米德），希腊人的世界观从总体上来说不是机械论的，而是机体论的；他们倾向于把显然是无生命的运动同化在动物的运动里，因而一切运动的根源便被看作某种有目的的"意志"——或者是人与动物的意志，或者是至高无上者的意志。由此我们就不难理解，为什么在亚里士多德那里（以及在许多试图对运动做出解释的希腊人那里），我们几乎从未见过机械力学的观点，而植物或动物的生长特点则被提示为物理学的普遍理论的基础。同样，由此也不难理解，当亚里士多德的这些物理学观点终于凝固为不容置疑的权威时，它们就成为非常有效地抵抗和阻滞近代自然科学发展的障碍了。

如果有一个思想家能够在逻辑学、生物学或物理学中做出一项亚里士多德所取得的巨大成绩，他也已经足够名垂青史了。然而，在广袤的知识世界中，亚里士多德的发现和创制似乎无穷无尽。在灵魂理论方面，他区分了有机体的三种灵魂：生长的灵魂——这是连植物也有的同化与生殖的能力；嗜欲的灵魂——这是一切动物都有的欲望与行动的能力；理性的灵魂——这是人所具有的获得知识的能力。其中前两种是非理性的，而理性本身是纯粹静观的；借助于嗜欲，理性便被引向实践的活动。在伦理学方面，他把善指定为理性灵魂的幸福，亦即一种具有积极的理性活动的生活；相应于灵魂的区分，有理智的德行和道德的德行，前者来自教学，后者则得自习惯；所有德行都是两个极端之间的"中道"，而极端本身乃一种罪恶——谦逊是羞涩与无耻之间的中道，磊落是放浪与猥琐之间的中道，机智是滑稽与粗鄙之间的中道，而勇敢是怯懦与鲁莽之间的中道。在政治学（包括经济学）方面，他提出了"人是政治的动物"这样一个著名的命题；他把总体优先于部分的有机体概念运用于国家，并据此讨论了个人、家庭以及国家的关系；他为奴隶制辩护；他研究了"好的政府"（君主制、贵族制和共和制）和"坏的政府"（僭主制、寡头制和民主制）以及它们之间的转化；他还区分了商品的两个方面——使用的方面和交换的方面，他还研究了贸易、货币和"高利贷"（有息贷款）。最后，在文艺学方面，他提出了一切艺术都是模仿的学说，他根据模仿介入的不同方式区分了不同类型的诗歌，并且根据模仿之高于或低于正常的行为标准把悲剧和喜剧区分开来；他还区别了史诗和戏剧，研究了所谓"情节"和"角色"，探讨了悲剧的出发点、结局和尺度，并提出了关于悲剧效果的"宣泄说"。

也许我们应该在这里打住了。亚里士多德是一位说不尽的思想家；如果我们还要说下去的话，那么即使其著作目录所涉及的领域，也足以令我们吃惊了。据说他的著作还包括《论磁石》《论荷马史诗中的疑难》《论尼罗河》《奥林匹亚优胜者》《判例汇编》《城邦政制》《论感觉和可感觉的东西》，甚至还包括《论记忆和回忆》《论睡眠和醒》《论梦》《论占梦术》《面相学》等。

然而，亚里士多德之所以是一位"说不尽的思想家"，不仅在于其著述的浩繁和学识的广博，还特别在于其思想的精深和宏大。可以证明这一点的事实是：几乎没有一个思想家像亚里士多德一样，在后世被如此众多的思想和学科推崇为先驱者，被后世如此不同的见解和对立的观点尊奉为共同的精神领袖。他的思想宛如一个具有无限多面的晶体，在阳光下发出熠熠耀眼的光彩。他的思想有力地影响过后世的科学，同样也深刻地影响过后世的神学；他的思想得到过无数种"理解"，而这些理解又被相反立场的解释者指责为"误解"。确实可以说，没有一种哲学像"亚里士多德哲学"这个名称一样，有如此众多而且不同的含义了。按照黑格尔的概括，除开"亚里士多德本来的哲学"之外，所谓"亚里士多德哲学"还表示：（1）西塞罗时代的一种通俗哲学；（2）高度思辨的亚历山大里亚哲学的形式；（3）得名于中世纪的那种经院哲学；（4）文艺复兴时代一种与经院哲学部分对立的哲学形式；（5）"最近出现的一些对亚里士多德哲学的错误的看法和理解"[①]。

例如，即使仅就一个问题而言，人们的意见也是众说纷纭的：亚里士多德本人究竟是一个经验实在论者呢，还是一个思辨唯心论者？他究竟是近代科学思想的伟大先知和庇护者呢，还是其不可避免的障碍和祸害？对于这个问题，彼此相反的见解随处可见，而这些不同的见解又并不是没有根据的。有人主张现代科学方法的观念完全是亚里士多德的；正是由于他，我们才懂得科学是一种经验追

---

① ［德］黑格尔：《哲学史讲演录》第二卷，商务印书馆2017年版，第296页。

求（科学的经验主义）。也有人认为，亚里士多德的哲学总体说来是与近代科学的精神相悖的，其影响对于近代的发展起着阻碍作用，而文艺复兴时代科学的复兴是向亚里士多德告别而回到柏拉图。进而言之，若就其"最成功的"逻辑学而言，亚里士多德究竟是高估了演绎法和三段论呢，还是同时作为归纳法的伟大先驱者之一？若就其"最不成功的"物理学而言，他的学说究竟应被当作已然无效的东西清除掉呢，还是因为它包含着超出实证科学眼界的深刻洞见而应当为我们所珍视、所发扬呢？

对于这样一些问题，要下简单的断语是困难的，而且也是不明智的。这不仅是因为这些问题之有意义的回答需要非常具体的历史观点，还因为亚里士多德的思想广大细密到这样一种程度，以至于任何简单的判断几乎必错无疑。它就像是一个依然活着的有机的生命，又像是一个有着"无尽藏"的宝库，所以它似乎始终包含着某种隐秘的东西。然而也正因为如此，它便是可以由历史不断发现的题材，是人类思想用之不竭的灵感源泉。所以有人说："亚里士多德是古代哲学家中最值得研究的。"①还有人说："叙述亚里士多德对后世理智上的影响其实就是一部欧洲思想史。"②

亚里士多德是说不尽的。

---

① ［德］黑格尔：《哲学史讲演录》第二卷，商务印书馆2017年版，第403页。

② ［英］乔纳逊·伯内斯：《亚里士多德》，中国社会科学出版社1989年版，第172页。

培根

▼

我们需要用一个名字，一个人物作为首领、权威和鼻祖，来称呼一种作风，所以我们就用培根（Francis Bacon）的名字来代表那种实验的哲学思考……

——黑格尔

在人类思想发展的历史上，有些重要的观念，在后世几乎成为人人接受的常识，但在其最初提出之时，却是具有划时代意义的创见。关于科学可以造福人类的观念即是如此。今天的人一般都能认识到自然科学的意义。我们今天的日常生活，在许多方面都依靠科学技术而得以维系或改善，甚至已经达到离不开科学的地步。运用于物质生产的科学给人类带来了仿佛是不可限量的支配自然的力量，对此，很少有人加以怀疑。简言之，"知识就是力量"乃今人的一个普通观念。

然而，正是这个观念，却使生活在16、17世纪之交的英国哲学家弗朗西斯·培根在西方思想史上享有一个稳固的地位。尽管可能在他之前早已有人表述过与此类似的想法，但后人却总是一致地将这一格言归之于他。

其实，重要的并不在于谁先说出了"知识就是力量"这样一句话，而是在于，谁首先用一整套成体系的思想将这一观念鲜明地予以表达和论证。就此而言，培根的确可以被称作倡导近代自然科学精神的一个思想首领。

近代以来，在西方出现的许多伟大的科学家，特别是英国的科学家，都承认自己是培根的信徒。如胡克、波义耳、牛顿等，都毫无保留地赞美培根，将他奉为英国皇家学会的最高典范和守护神。培根提倡对自然的研究要摆脱宗教教义和其他思辨学问的干扰，要清除种种偏见和幻象，采取客观的不偏不倚的态度；强调有系统和有步骤地进行观察和实验的重要性；提出科学的真正目的是通过驾驭自然而增进人类的福祉的。这一切都使得在他之后的一代又一代科学家对自己所进行的科学事业的性质和意义拥有充分而坚定的信心。他使西方科学得以在一种一贯的精神和原则上迅速发展，从而促成了西方文化在科学方面对人类的突出贡献。

因此，任何较完整的西方哲学史著作，都要为培根这个人物留下一定的篇幅，尽管他的学说中的许多内容都已显得过时或粗疏。

培根同时也是一个重要的实例，向我们证明，从事哲学思考的人，虽然未必能够以他的思考所得直接地推进科学研究的进程，或有助于解决具体的科学难题，却能够以他所阐述的基本观念和思想原则，影响整个科学事业的进展，给予科学工作者以必要的信念。

一、权术与学术并重的一生

培根一生的事迹，显示出他在人格上的一种奇怪的双重性：一方面是在学问上的真诚与勤奋；另一方面是在政治上的权欲熏心和卑俗平庸。后一方面给他的声名留下了难以洗刷的污点。

培根于1561年1月22日出身于伦敦一个显贵的家庭，父亲是伊丽莎白女王的掌玺大臣。母亲则是一个受过良好教育的加尔文教徒，对培根的思想形成颇有影响。培根在12岁时入剑桥三一学院读书，但在两年后便离开这所学校。他还不满16岁时就跟随英国驻法国的大使前往法国，这意味着他在少年时期就受到了仕宦教育。他才华早露，19岁时便写了一本论欧洲状况的书。在以后长达四十多年的政治生涯中，他于官场中的倾轧争斗之余，不停地从事学术研究和著述。他竟然能够把这两种大异其趣的生活如此各不相扰地结合起来，可谓一种奇迹。这除了说明他的勤奋与才华之外，还说明他对世事沉浮能够抱一种异常冷静而现实的心态。事实上，他一生的政治生涯充满了风风雨雨，若无此种心态，是很难保持他在从事著述时所需要的那种平静的。

他在青年时候就与女王的宠臣埃塞克斯伯爵交上了朋友。后者比培根小6岁，是少年得志的英雄，因率军远征加地斯取得胜利而一举成名。埃塞克斯对培根有提携之恩，由于他的热心推荐，培根才得以从一名律师而跃居官位。但是，培根非但没有报此大恩，反而在后者失宠获罪之时，采取了如中国人所说的那种"过河拆桥""落井下石"的做法。他主持了对埃塞克斯的起诉和审判，并运用了他的律师才能成功地为这个伯爵定了罪，以致后者被判处死刑。这是使培根背上了污名的第一件大事。

不过，尽管培根背弃了埃塞克斯，却仍未得到伊丽莎白女王的宠信。他的亨通的官运是在女王去世后由詹姆斯一世继位时才开始的。1605年，培根的重要著作《学术的进展》一书出版。他将此书献给詹姆斯一世借以自荐，这位新国王则封他为男爵。从此培根开始青云直上。

他在1606年45岁时娶了伦敦市参议员的女儿为妻，后者不仅有超群的美貌，而且为他带来了大笔钱财。据《大不列颠百科全书》中的说法，"这次婚姻……虽然没有孩子，但是颇为幸福"。

婚后不久是培根一生著述的高峰期的开始，每年都有新著动笔或出版。1608年他开始写作《新工具》一书，1609年出版了《古人的智慧》，1610年着手写作《新大西岛》，1612年则出版了他的著名的《论说文集》的修正版。

1613年，培根在仕途上有了重大收获：他终于获得了他长期梦寐以求的首席检察官的职位。与此同时，他也受到了国王的新宠臣乔治·威廉的青睐。这位新宠臣后来被封为白金汉公爵。

白金汉公爵比先前的埃塞克斯伯爵更有实力，他将培根带上了一生官运的顶峰。先是在1617年，他为培根谋得了培根的父亲曾经担任过的掌玺大臣的职位；后在1618年，他帮助培根获取了君权之下的最高法律职位——英国大法官。

然而，好景不长。就在1621年，在英国大法官的高位上才待了两年多一点时间的培根就遇到了他一生中的第二件给他带来污名的大事：他被众议院控告犯有受贿罪。培根承认自己确实收受过诉讼人的贿赂，但否认这曾对他所做出的判决有过丝毫的影响。当然这种申辩是软弱无力的。他只能沉默，并在最后屈辱地接受了对他的指控。他引起了平民和贵族的反感。他的案件被提到了国会。他病倒了。他在受审和被监禁的过程中都表现得极其软弱。他的自尊心已不可能再恢复了，他已无法重新赢得别人对他的尊敬。最后的判决是严厉的：他被处以四万英镑的罚金，在未得国王赦免之前，囚禁于伦敦塔，并且终身不可再任任何官职。

不过，判决的实际执行却是很宽大的。罚金被赦免了，在伦敦塔中的囚禁实际也只有两三天。但他确实被逐出了宫廷，并不得进入宫廷周围十二里之内的地方。他因此不得不把他的出生地——约克宫——卖给白金汉公爵，从此过着贫困的生活，一直到去世时都是如此。

对于培根在一生的后期的境况，历史上向来有不同的评说。除了专门研究培根的传记作家以外，著名的哲学家如黑格尔、罗素等人都在各自的哲学史著作中以颇不相同的角度和口吻谈及此事。这两位哲学家都试图使自己的叙述显得客观公正，但各自的倾向仍不可避免地流露出来。黑格尔的笔调是批评性的，比如他写道，"他此前的劣迹已使他身败名裂"，"那些把他搞垮的人当了权，也同样地遭到了人们的愤恨——主要是由于这种情况，而不是由于他无罪，人们对他的愤怒和怨恨才减轻了一些"，等等。罗素则流露出对培根的同情："在那个年代，法律界的道德有些废弛堕落。几乎每一个法官都接受馈赠，而且通常双方的都收。"不过，拿当时的风气来为培根辩解，终嫌不妥，所以罗素又补上了这样的评语，培根"不是一个像他的前辈托马斯·莫尔爵士那样德操出众的人，但是他也不特别奸恶。在道德方面，他是一个中常人，和同时代大多数人比起来不优不劣"。这一评价无疑是放低了标准的，不过，我们也许还是就此满足的为好。对于思想史来说，评价人物的思想贡献毕竟是它的主题。

　　培根于1621年被逐出官场以后，已不能再操弄权术了，学术成了他退隐生活的中心。在经历了一番荣辱之后，他仿佛更强化了他一向就有的那种对人世的冷漠，他现在可以更安心地从事著述了。在对他的判决通过后六个月，他的历史著作《亨利七世统治史》完成并出版了。1622年他出版了《风的历史》一书。1623年发表《生与死的历史》，同年，他还对《学术的进展》一书进行增补并予以再版。1624年，他继续《新大西岛》一书的写作，但未能完成。该书在他死后于1627年出版。1625年，他重新出版了著名的《论说文集》，将其中所收论文增至58篇。

1626年培根病逝。这场病起因是他做的一次实验。他在这年白雪覆盖大地的严冬时节乘马车去海格特。一路上的雪景使他突然想到可以用冷冻的方法保存肉类食品。如他主张的科学精神所要求的那样，这需要进行实验。他便中途下车，找到一位农妇，捉来一只鸡，取出鸡的内脏，往鸡肚子里塞满雪。他亲自参与了操作。但此时的培根已是年老体弱，冰冷的雪使他受了寒，他很快就病倒了。他无法回到自己的住地，只好赶往附近的一位伯爵家。在这位伯爵家中，他被安置在一张虽然华丽却很潮湿的床上，这加重了他的病情，两三天后便因窒息而死。

培根一生的大部分时间属于政治，但他能在险恶的官场生涯之余写下许多得以传给后世的作品。这种权术与学术并行不悖的个人生活足以让人惊叹。他何以能让两种截然不同的兴趣和谐起来，一向是人们感兴趣的问题。但回答倒可以是十分简单的：他有与众不同的奇特个性，这种个性是一种以超然的冷漠和清醒去透视生活的实际情况的癖好。人情世态在这种个性的笼罩下都变成了冷冰冰的科学对象。所以，他既可以不动声色地在宦海中沉浮，也能够同样不动声色地用文字来表述他对人类文明的进展及其方向的理解、领悟；甚至在他漫谈许多人生问题时，比如在谈论爱情、婚姻、家庭、友谊、教育、生与死等时，他都能以华美的文辞去表达冷静清醒的内容。他的《论说文集》集中地反映了他的个性。与蒙田的《散文集》相比，培根的《论说文集》冷漠而超然，虽讲究修辞，却毫无真挚感人之处；在有关立身处世方面的教导中，到处体现了重实际、重经验的精神。然而，也正是这种冷漠而超然地剖析人生的方法，使培根散文中的警句格言别具魅力，它们在那些具有类似气质的读者中间找到了知音，后者从中发现的是一帖人生的清醒剂，可以洗去那些在他们看来是多余的人生性情，从而显露出暗藏于悲喜人生背后的种种深刻的因素。

二、知识就是力量

今天的中学教师在鼓舞少年学生投身科学事业时，每每引用被归诸培根的口号："知识就是力量。"这句口号在今天的人听起来是易于理解的，并无新奇之处，它每天都可以被日常生活中的事实所证明。科学家对于社会的贡献也为大众所承认。"知识就是力量"的观念深入人心，无须被当作一种伟大的思想来阐发。这是当代的状况。

而且，对于当代的某些更为敏锐、更为深刻的头脑来说，科学在某种意义上同时是一种必须加以限制的危险之物。人们一般也开始懂得"科学＝造福人类"这一公式是并非自足的公式，而是需要有一些根本的前提条件的。反对科学主义的思潮也逐渐地为人们所接受。科学的性质和意义，在今天正重新成为一个重要的问题。

然而，在培根生活的时代，科学的性质和意义问题，与我们今天相比，具有完全不同的性质。我们必须回到人类曾经走过的那个阶段上去，才能合适地理解培根提出这一口号的全部意义和重要性。

培根生活在欧洲文艺复兴时代的尾声和17、18世纪近代科学兴盛时期的开端。对于西方文化的发展而言，这是一个非常特殊而又十分重要的转折时期。为了理解这一转折时期的这种特殊的重要性，我们可以将文艺复兴运动同近代科学精神之兴起这两件事情的不同意义做一个比较。

文艺复兴运动与欧洲近代科学精神的相同点在于，它们都是以世俗文化来对抗僧侣文化，以自由的精神来反抗中世纪基督教教会的宗教专制的。但是，文艺复兴就其思想上的根基而言，与包含在中世纪神学中的哲学见解并不大相径庭。它所完成的业绩是破除了教会在精神文化上的权威，用古代人的威信来代替教会的威信。由于古代希腊人的自由探讨的精神以及学术在世俗文化的广阔天地里成长的事实，这一权威的替换便起了一种伟大的思想解放作用。文艺复兴虽然在形式上是返回到古人的学问中去，其积极意义则在于打破了死板僵硬的中世纪经院哲学体系对人的智力的束缚和对个人自由探讨精神的压制。然而，文艺复兴的历史功绩也仅限于此。对于将要到来的伟大的17世纪，即近代科学与理性主义的时代来说，它是一种必要的精神准备，但它本身并不能催生这后一个伟大时代。

欧洲近代科学的兴起，需要在被摧毁了的经院哲学体系的废墟上奠立好文化精神的新基地。也就是说，在世俗精神取代了教会的僧侣精神之后，必须给世俗文化本身注入一种新精神。在形成这种需要的时刻，培根恰到好处地应运而生。

文艺复兴运动要求返回到古希腊的学问和智慧中去，这一要求虽然具有反抗教会权威的作用，却不能从根本上撼动经院哲学。须知，中世纪经院哲学的基础原来就在古希腊人的学术中。经院哲学保守的、学术专制的性质表现在它罢黜百家、独尊一术这一点上。它先是尊奉柏拉图主义，后则尊奉亚里士多德主义。无论是柏拉图还是亚里士多德，都把知识的本性基本上归结为天启和思辨，关于有限的、现实的事物的经验知识，在他们那里只具有低微的地位。这种对于人类知识的基本看法很适合于中世纪基督教的需要。基督教贬低尘世，把人间的生活看成通向天国的短暂旅程，没有真实的价值，因此，真理在彼岸世界中。为基督教服务的经院哲学固然也运用理性，但是它把理性当作一种探求和论证超验的彼岸真理的一种手段，而真理原已存在于基督教的教义之中。倘若教义的真理性终于无法为理性所论证，它就干脆诉诸信仰。

自然科学要得到生长和发展，必须将人类理性的运用方向做一个一百八十度的大转向，必须使它的目光从彼岸世界转而投向现实的经验世界，从天国转向人间。而要完成这一转向，又需要有两个根本的思想条件：其一，重新确定人类的知识的性质和意义；其二，重新认识人类命运的根源所在。

培根的伟大功绩就在于他比他的同时代人更清醒地意识到了上

述两项重大的思想革新任务，并着手来完成它们。

　　培根于1605年发表的《学术的进展》（旧译《崇学论》）一书，即试图完成上述第一项任务。该书的主题是通过重新确定人类知识的性质和意义来为自然科学的学问辩护，并试图建立一套完整的关于各种知识的分类系统。由于时代条件的局限，培根对知识的分类，带有许多假想性和随意性，对于今天来说已意义不大，我们可将之略去不谈。我们关注的是他对人类知识之性质的论述。

　　人类知识的对象是彼岸的天国还是此岸的自然世界？培根在当时尚无勇气彻底否定关于彼岸世界的神学知识，但他通过对神学知识与自然科学知识的严格区分来为后者辩护。神学的知识，其源泉是天启的信仰，而不是人类理性。运用理性来研究这种知识，其结果必定是如同人们早已看到的那种空洞无物、徒具形式的思辨。这种思辨根本没有真理的资格。而它试图解决的问题往往是极无意义的，其极端的例子是"一个针尖上能够站立多少天使"？假如人类知识只能关涉这类对象，那真是莫大的悲哀。培根写道："若干伟大的学者企图凭借理性的翅膀，飞翔至神的神秘王国，这只是异教徒的空想。"

　　理性之合适的运用对象乃自然。专注于研究自然，曾经被基督教的教士们看作一种邪恶，因为在这些人看来，自然作为上帝的造物，原是只能用来证明神性之伟大的。如果我们要了解自然，那也只是为了理解上帝的伟大。培根反驳说，"上帝并不直接决定自然界的任何事物"，自然本身实际上就是一个严密的体系，"我们不能以为通过对自然的了解就可以把握上帝的奥秘"。培根在此表述的思想包含着两个具有根本重要性的观点。其一，认为自然与任何神意无关，它是具有自身规律的一个世界。这实际上是将自然世界非灵化。其二，一种非灵化的存在才是知识的真正对象，知识所把握的，不是精神自身构造出来的幻影，而是与精神不同的另外一种东西。只有对一种非灵化的自然存在予以真正的肯定，人类知识才可能获得"自然研究"的原则，才可能成长为"自然科学"的形态。这一步，在西方，只有通过对传统基督教的文化精神进行改造才可能实现。与文艺复兴同样重要的宗教改革运动所产生的新教精神，对这种改造做出了贡献。而培根则是在近代西方不借助宗教语言表述自然界的非灵性的第一人。

由于自然界的非灵性，由于自然事物遵循其自身的规律，而人类知识按其本性是源自精神对另外一种非精神的东西的加工，这样，西方长期以来形成的贬低现实的感性事物、专注于彼岸超验事物的态度就受到了冲击，有限的、现实的东西得到了精神的尊重，从这种尊重中就产生出各种科学的努力。这是西方文化精神在近代发生的一次重大转向。没有这一转向，近代科学的蓬勃发展就是不可想象的。当然，绝不是培根一个人促成了这种转向。在培根之前，早有许多有识之士，甚至包括教会中的一些学问家，便已开始推动这一转向，其中一些人亲自从事对自然事物的研究，成为近代科学史上最早的一批杰出人物。更恰当的提法应该是，培根以在其他人那里所罕见的自觉程度参与了这一转向，把它当作人类文明的

"伟大的复兴"来加以宣扬，因而当之无愧地作为这种时代精神的代言人而享有不朽的地位。

如果知识的本质对象是非灵性的自然存在，那么，还要问一句：研究这样的对象于人类有何益处？由于基督教文化把超验的彼岸世界看成人类命运的主宰和人类最后的永恒家园，所以神学知识自然地在其价值和用途方面得到了合适的辩护。假如人类生活于其中的自然世界归根到底是人类偶然地、不幸地寓居于其中的一个暂时的住所，那么，获得关于这个住所的知识又有多大的意义呢？这个问题是必须回答的。精神固然已开始尊重此岸的有限的感性事物，但是还必须证明这种尊重不仅仅出于精神要满足自身的理智兴趣这样一种根源。西方文化精神要完成有利于科学发展的转向，还必须在自身中形成一种关于自然科学与人类命运之关系的观念。培根及时而鲜明地阐述了这方面的观念。

培根在当时尚未能公开否弃基督教神学所宣扬的超验王国的存在，他没有提出彻底的无神论思想，而是宁愿通过将超验王国付诸信仰的方法而把它搁置一边，然后竭尽全力地宣传科学对于人类改善自身的尘世生活的实用价值。自然科学的必要性与人类在此岸的现世生活中的命运相关。既然这个尘世与上帝的神意无关，既然它作为一个自然存在物的世界而有着自身的严密体系，而人作为自然存在物又同这个体系须臾不可分离，那么，人在尘世中的命运就以能否驾驭有规律的自然力量这一点为基础，而不以对上帝旨意的领会为基础。自然科学帮助人类认识自然的力量，因此，人就在根本上有可能趋利避害，改善自己的生存条件。而通过科学之运用去改善生存条件，正表明了自然科学与人类命运之关联。正是这一关联才使科学研究事业在人类文明中占据伟大的地位。培根非常清楚这一点，因此他告诫人们，把得到的真理应用到人类的福利上，是始终要记在心里的目标。

在盲目的自然力的统治下遭逢灾难的人类不应该听任灾难的摆布，把自己宝贵的理性只用于构造关于天国之幸福的幻想，而应该将理性用于对自然所做的实验，用于加工感官所提供的材料，由此做出关于自然的知识，凭借这种知识去制驭自然力量，战胜各种灾难。这就是培根提出"知识就是力量"这一口号的真正要义，它指出了人类理性的正当用途，并且引出了标志近代西方基本精神的关于知识之进展导向人类无限进步的观念。

近代西方人的理性主义及与之相连的尘世进步的观念，在培根的著作中得到了集中的反映。理性主义本身是一种信念，即相信唯有理性才能帮助人类在变幻莫测的命运威胁面前不依赖神力而求得生存与幸福。这种信念是对真理乃一种人类从自己身上获得的一种力量的信心。培根在《新工具》中表达了这种理性主义精神：

> 当人类的思想一旦对发现真理失去信心，一切就将开始衰亡……我们不能否认人类感觉和理性的权威性，尽管它们可能是虚弱的，但是，更好的办法是为它们提供帮助。

帮助人类的感觉和理性，并非意味着只是用一套方法去整理和保护既得的知识，更不是对必然要过时的旧知识修修补补，而是意味着发明一种不断获取新知识的方法（培根称之为"新工具"），这种方法要为知识的不断发展开辟道路。重要的是创造知识。这样，人类的文明就不是衰亡，而是不断进步了。

这是近代西方人在关于科学技术的理性主义知识论基础上形成的进步观。这种进步观在我们今天已融会在被普遍接受的常识中，但在培根的时代，却意味着对堵塞人类自我拯救之路的精神专制的巨大反抗，其意义是划时代的，是西方近代科学和技术文明的真正的宣言书。培根是这份宣言书的第一撰稿人。

尽管今天的西方人在反思科技对于人类命运的双重作用时，重新以批判的观点审视"知识就是力量"这一口号，但是，仍然可以肯定的下述两点，是培根永远值得后人称颂的充足理由。

其一，人类的安身立命之本终究存在于人类自身的文化创造之中，而在人类文化创造的价值体系中，人对盲目的自然力的制驭，始终是一切属于人的自由的先决条件。对于创设这一先决条件来说，任何上帝、任何其他的神的超验存在都不可能代替人类的科学努力。人类对这些超验存在的信仰，倘若并不从根本上否定、窒息科学的努力，甚或创造出适合于这种努力的社会环境，则它可以不是科学的敌人。不幸的是，西方历史的实际情况恰好相反。因此，培根对于人类自觉的科学努力的呼吁便成了在人类进步之路上的一座永久的纪念碑。

其二，培根对"知识就是力量"的全面鼓吹，对于实际从事科学研究的科学家曾经起到了巨大的思想解放作用，给他们对于自身事业之意义以前所未有的信念。这种信念在当时宗教神学仍然作为强大的意识形态力量而支配着几乎每一个人时，是极为宝贵的。培根通过严格区分神学研究与科学研究，使他的同时代人可以在毫无对于渎神的恐惧心理的情况下，心安理得地专注于对自然的真正的科学研究。这一点也是培根不可磨灭的功绩。而且，他对神学与科学的严格区分，并不仅仅特别地对于他的时代有意义，一般地讲，对于一切仍然需要纯粹的科学研究的时代，都有意义。

有些浅薄的史学家常常依据表层的史实讥讽培根，说他并不懂科学，仅是靠机智鼓吹科学。这些史学家缺乏那种从西方文化精神历史的宏大视角去认识历史人物的境界。他们不知道，恰恰正是培根的这种"机智的鼓吹"，才帮助西方人营造出一种精神的氛围，这种精神氛围终于达到把自然科学置于知识概念的中心地位的地步。自然科学取得这样的地位，其影响、后果既远于西方之当代，也终于远及于东方之当代。

在上述意义上，我们可以毫不犹豫地说，弗朗西斯·培根是整个近现代自然科学的"真正始祖"。

笛卡儿

▼

笛卡儿（René Descartes），欧洲文艺复兴以来，第一个为人类争取并保证理性权利的人。

——墓碑上的铭文

在哲学史和思想史上，笛卡儿是一个真正划时代的人物，他被称为"近代哲学之父"。在他之前的时代，主导的原则是"信仰"与"权威"；在他之后，则是新的原则——"思想"或"理性"——取得了统治地位。在中世纪，哲学是"神学的婢女"，它听命于神学并且服务于神学；而笛卡儿"我思故我在"的命题，仿佛是哲学的"独立宣言"。它使哲学重返思想自身的立足点，按黑格尔的说法，哲学在奔波了一千年之后，现在才回到这个基础上面。由于整个近代哲学是以笛卡儿的原则为前提的，所以其又被称为"我思哲学"或"主体性哲学"。

一、笛卡儿其人

笛卡儿1596年出生于法国图朗郡，其家庭属于地位较低的贵族，他的父亲是布列塔尼议会的议员。他出生之后不久，母亲便去世了，一位善良的保姆照料了他。孩提时，笛卡儿便显现出天资颖悟而且好学不倦的品格。他的父亲注意到了他的杰出才华，颇有点宠爱地称呼他为"我的小哲学家"。

从8岁开始，笛卡儿在拉夫累舍的一所耶稣会学校接受教育。这是当时欧洲最闻名的教会学校，他在那里打下的数学根底，或许比当时大多数大学中能够获得的根底还要强。他在学校里成绩优异，而且涉猎甚广——他研习了哲学、数学、化学、物理学、天文学等，还广泛阅读了古代典籍。据说其广泛阅读的机会，来自校长的特殊恩准：由于他身体孱弱，所以被允许较晚起床；于是他便利用这段时间躺在床上阅读书籍。虽然八年后笛卡儿以模范生毕业，但他对学校的课程却感到不满；而他在努力研究各种科学之后，又对书本的学习也产生了强烈的反感。经院哲学，以及经院哲学影响下的知识教条，不仅使他感到困惑，而且使他怀着一种得不到满足的强烈渴望——这种渴望后来便成为其科学热忱之持久的源泉。

在波埃顿大学以优异成绩获得法学学位之后，年轻的笛卡儿来到了巴黎，"生活在大世界里"。似乎有一段时间他进入了巴黎的社交界，并且特别热衷于赌博。据说他精通数学，所以在赌博中应付裕如，每每得手，使对手败北，甚至多次使庄家破产。然而巴黎的生活也没有使他感到满足，于是不久之后他便退出社交界，隐居到巴黎郊区的一个地方，专心研究数学，直到两年后终于被朋友们发现，又被拉回到大千世界的生活中来。

大概主要是书房里的研究再次使他感到现存的科学有很多不能令人满意的地方，所以他决定投笔从戎。这是个明智的决定，既能使他有机会外出游历，又能使他确保充分的安静。1618年，22岁的笛卡儿在荷兰入伍，那时荷兰正太平无事，他大概享受了一段时间不受干扰的沉思。这段时间中最重要的事件是笛卡儿和一位叫埃萨克·比克曼的医生的结识。这位医生有着广泛的科学兴趣，是一位精通数学的博学之士。据说他们的结识是非常戏剧性的：笛卡儿一天信步走到了城边，见到一群人正在观看和议论墙上的一道数学题；这道难题是用荷兰文写的，于是笛卡儿便请身旁的一个人帮助翻译成法文或拉丁文。这人就是比克曼。他颇有点小瞧笛卡儿，多少带点不屑的神情翻译了那道难题。没想到笛卡儿不久就给出了正确的答案，使他在惊讶之余对这个青年军官刮目相看。不管这个故事是否真实，比克曼对笛卡儿的影响肯定是相当大的。笛卡儿在后来致比克曼的一封信中写道："是你帮我克服了无所事事的状态，让我想起了从前学会却几乎忘记的东西；每当我的心思偏离了严肃的主题，你总把我拉回正途。"①

1619年，当"三十年战争"战事正酣之时，笛卡儿以志愿兵身份加入巴伐利亚军，在梯黎将军的部队里参加了多次战役。这年冬天，战事平静，部队驻扎在多瑙河边的诺伊堡。笛卡儿在那里陷入了更深的沉思——他迫切地感到要在哲学上开辟出一条新路来，以便彻底地改造哲学。他甚至向圣母许愿，如果真能保佑他完成这一计划，他将前往洛勒托圣地去朝拜。这段思想经历被描绘在笛卡儿的《谈方法》一书中：因为天气比通常要冷，笛卡儿一早便钻进一个"暖房"（或"火炉子"——poêle，据说知道旧式巴伐利亚住宅的人认为这是完全可能的），他整天待在里面冥想沉思；而当日暮他从暖房出来时，其哲学的大致轮廓已呈现在他面前了。后来有些评论家说：笛卡儿是在暖和的时候才适合沉思，他的头脑往往在身暖时才起作用；与此相反，苏格拉底是习惯于在雪地里终日沉思的。

1621年（一说1622年），笛卡儿离开了军队，返回巴黎；不久又外出游历，到过波兰、普鲁士、瑞士、意大利。当他再次回到巴黎时，他仍然感到这地方是不适合他的：一方面，他的学术名声吸引了许多各式各样的来访者，而生性宁静甚至有点羞怯的笛卡儿对这些人避之唯恐不及；另一方面，他仍然是一个奉行教会仪式的天主教徒，而他的许多观点和思想，是很容易被视为异端而遭到攻击

---

① ［英］汤姆·索雷尔：《笛卡尔》，译林出版社2022年版，第8页。

的。有人认为笛卡儿是个怯懦胆小的人，也有人认为他听说了教廷对伽利略的第一次秘密审判；然而不管怎样，他还是决定去一个能够让他自由思考并且足够安静的地方。

对于笛卡儿来说幸运的是，17世纪的荷兰恰恰是一个理想的地方——近代思想的伟大初创和辉煌业绩，不知有多少应当归功于这个当时唯一有思想自由的欧洲国家！我们知道，霍布斯的著作曾在那里刊印，洛克曾在那里避难，而斯宾诺莎的思想巨制是唯赖这个国度才得以产生和保全的。总而言之，没有什么地方是比荷兰更适合笛卡儿的了。1628年，他变卖了他的一小份地产，移居荷兰。在此后的二十一年中，除了对法国作了三次短暂的事务性访问，他一直在荷兰专心著述；他的著作几乎全是在那里写成的，那里也使他能够较为有效地为自己的思想辩护，并且反击来自各方面（特别是僧侣）的攻讦。

虽然笛卡儿在近代思想史上的重要性罕见其俦，但他却算不上是一个多产作家。他的主要著作是1641年的《形而上学的沉思》（《第一哲学沉思集》）和1644年的《哲学原理》，此外，他还花了很长时间致力于一部巨著《宇宙论》的写作，当这部物理学方面的重要著作完成时，他却放弃了出版，因为伽利略受到教会迫害的消息使他蒙受了心灵上的伤害，而他自己的著作是显然包含有地球自转和宇宙无限这两个"异端学说"的。结果是一个折中的方案：笛卡儿把这部巨著的某些部分整理成三个文集发表（《屈光学》《气象学》和《几何学》），而1637年匿名出版的《谈方法》他则是打算用来作为这三部文集的序言。正像《几何学》后来成为数学发展的里程碑式的奠基之作一样，《谈方法》乃是近代哲学史上划时代的开山之作。

关于笛卡儿的私人生活，我们知道的不是太多；或许主要是因为他的学者生涯较少有那种人们津津乐道的奇闻逸事吧。据说他很注意自己的形象，服饰考究，衣冠楚楚，而且佩挂着一把宝剑。他一直没有结婚，但在1632年他结识了埃莱娜，后来便有了一个私生女。这个女儿在5岁时得病死去，笛卡儿说这是他一生中最大的悲痛。根据当时人们的一些记述，笛卡儿看起来并不是一个勤奋的人；他似乎不读很多书，而且工作时间也不长。于是有些人猜测笛卡儿是习惯于短时间工作的，而在这段时间中他的精神能够异常集中；但也有评论家认为，笛卡儿往往假装比实际上工作得少，以便显示其"绅士派业余哲学家"的面貌。不管怎么说，人们都一致认为，他在思想成就上的贡献是那么多，以至于和他那种看起来多少有点优游的生活习惯不是太相称。

至于笛卡儿的内心世界，似乎更是曲折隐晦。当争论可能发生时，特别是当争论可能牵扯到重要的宗教问题时，他的第一个反应往往是避开争论。有人说这是因为笛卡儿胆小怕事，也有人说是因为他性情简静；有人说笛卡儿始终是个虔诚的天主教徒，也有人说他的正统信仰不过是权宜之计。也许一种较近情理的解释是：他是意识到了自己思想的重要性和工作的艰巨性，所以他尽可能地避开争论以免浪费宝贵的时间——据说他时常有一种担忧：害怕自己在完成主要的思想创立之前就死掉。或许他就是那样一种天生的思想家，既为思想而生存，也为思想的创设而力图保全自己不受伤害。他曾经为自己订立过一个"行为守则"，而在那些规条中，就像我们会看到一些多少有点庸人气味的东西一样，我们还发现了一种伟大的新精神，亦即对思想的无限尊重。

无论当时的人们是否清楚地意识到，也无论在后人看来多么难以理解，事实是：一个似乎有点懦弱怕事的人，居然在思想史上掀起了一场翻天覆地的革命；而这场革命的意义，较之于任何一场砍去国王头颅的革命，都是绝不逊色的。

二、近代哲学的创始

笛卡儿是"近代哲学之父"——这一点几乎已经为人们所公认了。在某种意义上可以说，他是一个发布了理性思维之"独立宣言"的人。独立的思维不仅与"信仰"相对立，而且与进行论证的神学全然不同；它是一种新文化精神的基础，而近代哲学正是以独立的思维摆脱了对神学的依傍，恢复了自身的权利，并以之作为基本原则的。因此，笛卡儿被看作"一个彻底从头做起、带头重建哲学的基础的英雄人物"①；从他开始，哲学文化改弦更张，辟出了一个崭新的时代。

笛卡儿的第一个命题是：怀疑一切。这个命题意味着必须抛弃一切假设和规定，特别是必须抛弃一切成见（被直接认为是真实的东西）。难道我们没有许多偏见？难道许多流传下来的观念不是十分可疑的吗？感官证据同样是不确定的，因此也必须遭到怀疑。即便是数学，虽然看起来较为确实，但也不是无可怀疑的——我们时常看到有人在数学问题上陷于错误。总而言之，没有任何一种观念是完全确实的。"凡是我早先信以为真的见解，没有一个是我现在不能怀疑的，……因此，假如我想要在科学上找到什么经久不变的、确然可信的东西的话，我今后就必须对这些思想不去下判断，跟我对一眼就能看出是错误的东西一样，不对他们加以更多的信任。"②

这种被称为"笛卡儿式怀疑"的方法首先包含这样的意义：它具有一种批判的和否定的功效，以便为哲学思想的重建扫清障碍。如果说，我所看见的一切东西都可能是假的，如果说，世界上或许没有可以被看成全然确实的东西，那么，有什么可以不经过怀疑之火的考验、可以避开怀疑之酸的清洗而被宣布为真理呢？就较为表层的意义而言，这种怀疑意味着抛开以往的一切哲学理论，特别是抛开从教会权威出发的理论（如种种亚里士多德的教条）；就更深

---

① ［德］黑格尔：《哲学史讲演录》第四卷，商务印书馆 2017 年版，第 69 页。
② ［法］笛卡儿：《第一哲学沉思集》，商务印书馆 1986 年版，第 31 页。

的意义而言，这种怀疑意味着思维具有这样一种权利——它拒绝接受任何它没有理由接受的东西，它不再信从一切它没有理由相信的东西。

然而，无论我怎样怀疑，有一件事情（而且是唯一的一件事情）却是非常确实的；甚至可以用一种通俗的说法来讲，我越是怀疑，这件事情就越是确实——那就是"我在怀疑"（或"我在思维"）。我可以怀疑一切，但对于"我在怀疑"却不能怀疑；否则怀疑便无从进行，或至少不是我的怀疑了。进而言之，在怀疑者进行怀疑时，在思维者进行思维时，要设想怀疑者或思维者不存在，是矛盾的。因此，逻辑上的推论必然是：怀疑意味着思维，而思维意味着存在一个思维者，换言之，"我思，故我在"。在这个举世闻名的命题里，笛卡儿引出了一个他称之为确实的、自明的出发点："既然我因此宁愿认为一切都是假的，那么，我那样想的时候，那个在想的我就必然应当是个东西。我发现，'我想，所以我是'这条真理是十分确实、十分可靠的，怀疑派的任何一条最狂妄的假定都不能使它发生动摇，所以我毫不犹豫地予以采纳，作为我所寻求的那种在哲学的第一条原理。"[①]

由此可见，笛卡儿所要求的怀疑不是那种单纯"腐蚀性的"怀疑，即以怀疑为目的的怀疑，而是使怀疑在某处停止，从而产生出肯定的和积极的结果。"我思，故我在"体现了这个结果：它意味

---

① ［法］笛卡儿：《谈谈方法》，商务印书馆 2000 年版，第 26～27 页。

着否定地抛弃一切假设，而这种否定同时又是一个肯定，即对思维的肯定，对思维的独立性和权利的肯定。通过这种系统的怀疑，笛卡儿把思维本身树立为一个绝对的开端——思维应当而且必须从它自身开始。思维，就其本身而言，无须依傍任何其他东西，因为唯有它才是自身确定的；相反，任何其他的东西倒应当由思维来核查审定，因为对于纯粹的思维来说一切都是不可靠的。甚至无须更多的讨论，我们就能看出笛卡儿这种学说的巨大变革意义：它要求从无思想的、蒙昧的信仰中摆脱出来，要求从不自由的、僵死的教条中解脱出来，要求从对权威的迷信以及对任何观念的迷信中解放出来，以便返回到思想本身这个纯净的开端，并由此而达到确实可靠的东西。这是一种新的文化精神，它意味着对思维的自由和独立性的自觉意识，意味着对理性的权利获得了一种无限的信任和尊重。正是在这种精神的基础上，近代哲学才真正成长和繁荣起来。

当笛卡儿以独立的思维破除一切权威时，当他把纯粹的思维认作唯一确实的开端时，他便把理性的思维提升为真理的基准和尺度。因而，他也是近代哲学之唯理论方向的奠基者。如果说培根学说的主旨在于以经验为认识的唯一真正来源，从而开启了经验论发展的方向，那么，笛卡儿学说的原则却是立足于理性思维本身，并且唯独承认理性认识的可靠性。笛卡儿的唯理论，从否定的方面来讲，它不承认感觉经验是确实可靠的；从肯定的方面来讲，它主张真正的知识是根据某种基本概念和原理进行推理的结果，唯有理性思维能够把握世界之真实的本性。如果说，纯粹的思维是立足于自身的，那么，思维就必定是它自身的根据和标准。因此，笛卡儿一方面提出了"天赋观念说"——理性有它固有的规范，思维的基本概念和原则是天赋的或先验的，我们只有通过并且依靠它们去发现真理；另一方面，他提出"清晰明白"作为真理的标准——思维依据其自身来设立标准，而这标准便是清晰明白：凡是没有意识中之内在明确性的，都不是真的；"凡是我十分清楚，极其分明地理解的，都是真的。"①

笛卡儿的这种从思维本身开始的唯理论哲学，还有一系列进一步的理论结果。首先，是其哲学方法论的主导倾向和特点。如果说只有理性的思维才能把握真理，而基本的标准乃意识中的内在明确性，那么，在所有的知识体系中，看来只有数学能满足这个要求（在这里，原先由于思维而遭到怀疑的东西，现在经由思维被重新确立起来）。因此，笛卡儿不仅把数学看作哲学方法的典范，而且力图建立起一个具有数学确实性的知识纲领和思想体系。由这种思想主导的方法论特征，非常明显地表现在他所提出的四条规则中：（1）除了清楚明白的观念，不接受任何其他东西；（2）把每个问题都按照解决问题的需要区分为若干部分；（3）从最简单的对象开始，逐步上升到对复杂的对象的认识；（4）尽可能彻底和普遍地审视一切情形，以确保没有什么遗漏。不难看出，这些规则不仅把对于数学的关注和方法的重要性结合为一种新原理，而且对近代的哲

---

① ［法］笛卡尔：《谈谈方法》，商务印书馆 2000 年版，第 28 页。

学和科学产生了举足轻重的影响。

其次，要谈到的是笛卡儿对上帝的论证。虽说这种论证在不少方面与经院哲学有联系，并且表明其未能彻底摆脱神学，然而它在笛卡儿哲学中的重要性在于：上帝既是我之怀疑、思维、存在的必然推论，又是认识之原则和标准的保障；不仅如此，甚至外物的存在亦需由此而得以证明。笛卡儿说，我心中的观念之一是关于上帝的观念，但我自己不可能是这个观念的原因，我是有限的和不完善的；既然上帝的观念是一个无限的、完善的东西的观念，那么此观念必由一个完善者或无限者置于我的心中。因此，上帝必然存在，而上帝的观念乃天赋的。进而言之，既然上帝是完善的，那么他就没有理由欺骗我们，他还必定会给予我们纠正错误的能力。因此，清晰明白的就是真的。进而言之，既然我们有外物的观念，且此种观念清晰而判然，那么上帝的完善性便可以证明外物亦必存在。大体上可以说，笛卡儿的上帝概念是中世纪神学和近代哲学的转折点，它的意义主要是哲学方面的，而不是宗教方面的。

最后，是笛卡儿的二元论。前面已经提到，被证明是存在的那个"我"，是由"我思"这一事实而推知的，换言之，"我思"意味着"我"这一实体必然存在。然而重要的是：（1）这种实体的全部本性在于思维；（2）它的存在无需任何感性的或物质的事物。但是另一方面，外物的存在也得以证明，虽说它不是直接得到证明的，然而我们关于外物之清楚明白的观念以及我们关于上帝的观念则表明，外物必然存在，我们的感觉必然是由外在的物体所引起的。这样一来，便有了两种实体：其一是"思维的东西"；其二是"与广延相联系的东西"。前者就是一般称之为精神、心灵、思维的东西，后者则是一般称之为物体、肉体、形体的东西。思维是精神的性质，而广延是形体的真正本性，这是两种截然不同而且毫无关系的实体——精神绝对没有广延，它是主动而自由的；形体绝对不能思维，它是被动而不自由的。两者的对立和分离就在于："一种实体可以不依靠另一种实体而明白确定地得到理解。"

因此，笛卡儿进一步在哲学上发挥了精神和物质之间、心灵和肉体之间的二元论；这种二元论滥觞于柏拉图，并且为基督教哲学所承继。但是，当笛卡儿再度要求使这两种实体彼此分离而单独得到理解时，他的哲学具有了一些新的意义和结果。一方面，他使物质世界的问题和自由意志的问题全然区别开来，并且通过这种二元劈分来展示新时代的科学要求，其中最主要的便是他为关于自然界的机械论世界观奠定了基础（这一点我们在下文中还要提到）。另一方面，是这种二元论哲学提示出来的理论困难和问题有效地推动了近代哲学的发展，并且可说是为后来之全然不同的发展方向开辟了道路。主要的困难之点在于：既然两种实体互不需要，既然一实体对另一实体不能起作用，那么，何以我的肉体看起来像是由我的精神在支配着它活动？何以人类能被看作物质与精神、肉体与灵魂的结合呢？笛卡儿的解释一方面提出人脑中的"松果腺"作为二者发生作用的灵魂处所：人的灵魂蕴藏在松果腺内，在这里灵魂与"生命精气"发生接触，从而改变生命精气的运动方向，并间接地改变肉体其他部分的运动方向。另一方面，笛卡儿提出了"神助说"，即心灵和肉体的结合是神造成的：正是由于神，因而当我有欲望、意图的时候，这意图就变成肉体的东西。然而不管怎么讲，这些说明看来并不令人满意。于是笛卡儿的门徒格林克斯发明了一种颇为奇特的"二时钟"说（精神和肉体宛如两个走时十分准确的钟：当一个钟指示整点时，另一个钟便鸣响报时；它们都由神上紧发条，所以虽各自独立，却采取完全一致的步调），而斯宾诺莎则从根基上做起，以泛神主义的实体一元论取代了笛卡儿的实体二元论。

在哲学史上，笛卡儿是这样一位思想家：他既保留了经院哲学中的某些东西，又深刻地领悟到并且表述了新时代的文化精神；由于他在哲学思想的基础方面另起炉灶，所以他理所当然地被看成近代哲学的始祖。其中最主要之点在于，笛卡儿恢复了对思维的独立性的自觉意识和对思维权利的无限尊重——权威是靠不住的，而信仰则完全是另一回事；在哲学上，或作为哲学，唯一有权的、能够被认可的仅仅是思维，是独立的、理性的思维。近代哲学正是在理性思维的独立性中确定了它新的自信心，而这是自亚里士多德以来不曾有过的事。就较为具体的内容来讲，笛卡儿哲学对后世影响最为深远的方面有二：其一是批判的、怀疑的方法；其二是把思维（而不是外界对象）当作"原始的经验确实项"。

三、作为数学家和科学家的笛卡儿

笛卡儿在数学上的成绩如同他对哲学的贡献一样，具有开创性的和划时代的意义。如果说笛卡儿的思想方法与他对数学（特别是数学推论所具有的确定性）的兴趣有联系，那么我们看到，他的方法在数学本身的领域内也促成了极为重要的发现和收获。

笛卡儿把代数的方法应用于几何学，从而成为解析几何学的奠基人。虽说在他以前就有人做过类似的尝试（例如，可以在印度人、希腊人、阿拉伯人那里找到一些见解），但近代解析几何学的原理和方法则首先是由笛卡儿系统地制定的。无论如何，使用坐标系乃笛卡儿的首创。例如，从一定点（原点）O作互相正交的两直线OX和OY形成轴线坐标，而平面上的任何一点便可由此点到轴线的距离来确定位置。这种坐标后来就被称为"笛卡儿坐标"。由于有了这种坐标，数和形的结合就成为可能了，代数学和几何学的结合亦成为可能了。在一定的意义上可以说，现今所谓"高等数学"的主要部分，都是在这一基础上或通过这一基础而发展起来的。

在《谈方法》一书中笛卡儿回忆到，当他还是个年轻人的时候，他就不满意于表述数学问题的传统方式。一方面是代数学，它非常局限于某些规则和符号，最终只是一门"混乱的和糊涂的艺术";另一方面是几何学，它和形的考察结合得太紧，以至于难以"不费想象地"运用理智。其中的种种问题大概是很困扰了笛卡儿一阵儿的。在我们前面提到过的他在1619年冬季的沉思中，一部分就是试图解决这类数学问题的努力。据他说，11月10日晚上入睡后，他一连做了三个梦，其中的一个梦向他启示了打开自然宝库的魔钥。后来有不少人就猜测说，梦中的那把魔钥便是把代数的方法运用于几何学，而这一天就算是解析几何学的生日了。

为了在新的学说中使代数学和几何学充分结合起来，除了运用坐标系这个伟大的发明之外，笛卡儿还使数学中现存的符号体系得以简化和统一，并引进了许多至今仍然沿用的数学符号。例如，立方、高次方的符号以及它们相应的根的符号便是由笛卡儿标准化的，而在方程中用a、b、c表示已知数，用x、y、z表示未知数的规则也是由笛卡儿首先制定的。总而言之，在解析几何学中，代数学和几何学获得了某种统一：如果设$y=kx$，则我们在坐标系中便得到一条直线；如果设$y=kx^2$，我们便在坐标系中得到一条抛物线……这样，方程式可以用代数学来处理，而同时其结果则可以用几何学来解释。

虽然笛卡儿的这个重大贡献是在数学方面做出的，但其意义却远远地超出了数学本身的范围，因为它同时还意味着自然科学中新的思想方法，它肇始了后来被称为"数理物理学"的基本观念。笛卡儿不仅指出了这样一条规则——任何物理学问题都可以翻译成这样一种问题，在其中从已知到未知的道路像在数学中一样清楚；而且揭示了贯彻这一规则的手段——所有的量如何可能在几何学中用线表示出来，而这些线又如何能够用代数的符号和方程表示出来，以便通过数学的计算来解决物理问题。换句话说，在笛卡儿那里重要的是：第一，他在解析几何学中制定了一种数和形统一的数学语言；第二，他要求把物理世界中不清楚的、非数学的命题转化为数和形的问题，从而通过数学语言来表述和解决这些问题。由于有了这样的程序和方法，从前不能解决或难以解决的物理学问题，现在都可以用而且要求用数理物理的办法来解决了。牛顿曾经研读过笛卡儿的几何学著作，并且使用了他的方法。

如果说解析几何学还仅仅是一种数学方法，那么在它背后构成其运用之巨大力量和广阔前景的东西则是某种"世界观"（或"自然观"）。在笛卡儿那里，这种构成新时代自然科学之概念框架和灵感源泉的世界观主要有两个方面。其一是确认自然概念在本质上是数学的概念，亦即认为物体的第一性的质是数学的实在。虽说伽利略已经做过这样的确认，但笛卡儿还力图通过其形而上学来说明数学方法何以如此奇妙地契合于物理世界。其二是把物理世界理解为严格决定论的和机械论性质的。由于其彻底的二元论，笛卡儿把外部世界看作物质的、无目的的，而不是精神的、有目的的；这和亚里士多德派以及经院哲学家的见解根本不同，它不是机体论的世界观，它无须始终依靠目的因来解释运动和变化，就像它无须用"隐德来希"来解释有机体的生长和活动一样。

于是，笛卡儿充分地表述了机械论的原则：物质宇宙乃一个可以用数学方式去解释的巨大机器，活的有机体完全和没有生命的事物一样受物理定律的支配。这种原则最明显地表现在他的名言中："如果你给我物质和运动，我就给你建造世界。"这里所说的物质，乃指形体世界的广延物；而所谓运动，就是机械作用。物质宇宙的规定仅是时间和空间、物质和运动；而一切关系无非静止和运动。所以，笛卡儿把物质的一切差异性（如颜色、滋味等）都归结为机械作用，即微粒子的运动；它们的相互作用全带碰撞性质，甚至胚种发育成植物或动物的过程也是纯粹机械的过程。因此，人的身体和动物的身体一样，乃一架机器；在这架机器中，就像钟表的运动必然因摆锤而产生一样，身体的职能都自然地由各机关的安排而起作用。总而言之，整个物质世界，不过是一架机械论性质的自动机，上帝初始把运动赋予宇宙之后便任其自然进行；此一进行受物理定律的支配，因而是严格的决定论性质的。

在重大的科学理论方面，笛卡儿也做出了一定的成绩。和他的自然哲学相联系，他试图把地上的力学原则应用于天体现象，从而提出了一种宇宙演化论。既然整个物质宇宙遵从同一种自然规律，那么把天体的大问题归结为力学就是理所当然的。物质是连续的，其本质是广延；在物质世界中只有物体的彼此接触才能产生运动，因而真空是不存在的，物质宇宙乃一个不间断的充实体。本原物质被称作以太，它虽看不见却充满空间；整个物质世界便由以太的旋涡形成——石头向地球降落，卫星被行星吸引，而行星又带着其附属的旋涡，沿着更大的旋涡环绕太阳运行。这种以太旋涡说一度十分得势，后来牛顿用数学证明其性质与观察不合，该学说才逐渐地被夺去地盘。此外，由于笛卡儿赋予世界以纯粹机械论的性质，并且把上帝仅仅置放在运动的初始因地位，所以他主张运动的量是恒常不变的。"上帝原来把物质同运动和静止一道创造了"，因而运动和静止的量不能增加或减少；一切自然规律都是运动规律，但运动的量必然保持不变——这可以看作能量守恒理论的萌芽。最后，由于笛卡儿把动物体和人体看作与机器类似的东西，由于他认为物理学可以被归结为机械学，所以他接受了哈维的血液循环理论；虽然在某些问题上不无分歧（例如，他不认为血液是在心脏收缩的推动下循环的），但他认可血液是在动静脉里循环的，并在当时的争论中为哈维的理论辩护。不仅如此，他还进一步认为：人体机器所以能持续做功，是由于自然过程在心脏里所产生的热；血气在心脏血液中蒸馏净化，然后经由动脉进入头脑，再从头脑传达到神经和肌肉，使四肢活动。

尽管人们普遍认为，笛卡儿在科学上的成就远不如他在哲学和数学方面的成绩来得大，然而他对近代科学思想的影响却是十分深刻的（在某种意义上甚至可以说是决定性的）。这种影响与其说是来自他在自然科学方面的研究结果，毋宁说更多地来自他的哲学，来自这种哲学所树立的世界观框架和方法论前提。虽说经验论的原则（包括观察、实验、归纳等）主要是由其他哲学家和思想家所完成的，但理性思维的批判方法、机械论原则的主要根据，以及数理物理学的形而上学前提等，却应当首先归功于笛卡儿，归功于他在这些方面做出的哲学阐述。没有笛卡儿杰出的思想贡献，近代以来在哲学上所获得的巨大成就以及在科学上所取得的辉煌进步，都是难以想象的。无论在哲学方面还是在科学方面，笛卡儿的许多结论已经被推翻了，他在神学上的不彻底性也逐渐被肃清了，然而其思想的影响却在很大的程度上得以保存，并且一直延续到今天。例如，虽说20世纪初经典物理学的终结以及新物理学的成就有可能意味着自然科学基础的根本变化，并因而打开一个新的世界图景，但就总体而言，这个过程还远没有完成：目前自然科学的基本精神仍主要是机械论性质的，并且仍主要采用数理物理的方法。

笛卡儿在1650年2月去世。大约在此半年前，他来到斯德哥尔摩瑞典女王的宫廷。克丽斯蒂娜女王是个文艺复兴式的人物，热情而又博学。早先她通过法国大使同笛卡儿有书信往来，当她对笛卡儿的作品产生极大兴趣时，便邀请笛卡儿去她的宫廷，初始有点犹豫的笛卡儿被说服了，女王派了一艘军舰把他接到了斯德哥尔摩。有的评论家说，克丽斯蒂娜自以为是君主，就有权浪费伟人的时间；也许确实是如此，但她同时也确实是一位好文向学的女王，她要求笛卡儿每天为她讲授哲学。精力充沛的女王把时间安排在早晨五点，这对于习惯晚起而且身体孱弱的笛卡儿来说，无疑是一种折磨；斯德哥尔摩冬季的寒冷使他一病不起，客死他乡，终年54岁。

卢梭

▼

现在自由的原则［在卢梭（Jean-Jacques Rousseau）这里］出现了，它把这种无限的力量给予了把自己理解为无限者的人。

——黑格尔

卢梭是近代最伟大的启蒙思想家之一。他被称为民主政治哲学的奠基人、自由和平等理论的创制者，又被看作"浪漫主义运动之父"。他的思想和著作深刻地影响了几代人，并且成为一个里程碑式的伟大革命的先知。

如果说约翰·洛克乃英国"光荣革命"的倡导者和理论表达者的话，那么卢梭就是划时代的法国革命的思想先驱。当1789年的风暴终于降临时，卢梭已经去世十一年，但他的思想却成了旗帜，他的著作成了最激进的革命党人的"圣经"；人们在巴黎举行了一个隆重的仪式，把卢梭的遗骸迁葬至他们的伟人公墓。法国人民以这样一种方式向他们的导师表示尊敬，向这位具有世界历史影响的思想家表示感谢——1789年和1793年的《人权宣言》成了卢梭不朽的纪念碑，因为它们体现了卢梭的伟大理想。正是在他为革命奠定思想基础的那种意义上，海涅写道："马克西米连·罗伯斯庇尔不过是卢梭的手而已，一只从时代的母胎中取出一个躯体的血手，但这个躯体的灵魂却是卢梭创造的。使让-雅克·卢梭潦倒终身的那种不安的焦虑，也许正是由于卢梭在精神里早已预料到他的思想需要怎样一个助产士才能降生到这个世界上来，而产生的吧？"（《海涅选集》，人民文学出版社1983年版，第291页）

一、早年生涯

卢梭于1712年出生于日内瓦。他的父亲伊萨克·卢梭是一个钟表匠，在这一行当中相当能干，曾应聘到君士坦丁堡去当宫廷钟表师。他的母亲苏萨娜·贝纳尔是一个牧师的女儿，受过良好的教育，漂亮且有才华：她擅长绘画、唱歌，唱时能自己弹竖琴伴奏，她读过不少书，而且能写相当不错的诗。卢梭的出生使他的母亲付出了生命，而卢梭生下来时又几乎是个死孩子，多亏了一位姑母照拂备至，才终于把他救活。

卢梭的童年是在无忧无虑的游戏和通宵达旦的阅读中度过的。他受到全家人的疼爱；喜欢唱歌的姑姑使他爱好音乐，而热衷于阅读的父亲又使他对书本如痴如狂——经常是父子俩轮流读书，直到朝曦初露、晨燕呢喃。幸运的是，卢梭的外祖父是个博学的、有鉴赏力的牧师，在他的藏书中不仅有莫里哀的著作，而且还有大量的如普鲁塔克《名人传》那样的古典名著。卢梭一下子就迷上了普鲁塔克这位传记作家和著述家，在他的作品中，有着关于古代希腊人和罗马人的伟大传奇，特别是关于斯巴达的神话般的记述。卢梭被一个想象中的古代世界深深地打动了，甚至觉得自己是同罗马和希腊的伟人生活在一起的。有一次，他在吃饭时讲起罗马英雄西伏拉的壮烈事迹，居然试图模仿这位英雄把手伸到火盆的火焰上，结果把在场的家人都吓坏了。卢梭后来回忆说，正是在这种神游希腊罗马古代世界的阅读中，他形成了爱自由、爱共和的思想，形成了高傲倔强以及不肯受束缚和奴役的性格。

　　然而另一方面，卢梭又是个温柔善感的孩子，他说父母给了他这种禀赋，给了他"一颗多情的心"。他觉得在童年时代，他周围的人——父亲、姑姑、奶妈、亲戚、朋友、邻居——都是最好的人，他和他们相亲相爱。由于心灵的早熟，当他对事物还没有一点概念时，便已经了解到所有情感了。这一方面使他后来对人类苦难（特别是下层平民的苦难）极为敏感，以至于圣-勃夫说，"没有一个作家像卢梭这样善于把穷人表现得卓越不凡"；另一方面则形成了他那颇为奇特而又矛盾的人格——"一种既十分高傲而又非常温柔的心灵，一种优柔怯懦却又不受约束的性格"。

　　由于一次意外的变故，卢梭的父亲离开了日内瓦，他的一个舅舅成了他的监护人；他和一个同龄的表弟被送到包塞，寄宿在一个牧师家里，在那儿学习拉丁文和其他一些科目。过了一段时日之后，卢梭又回到日内瓦，在舅舅家里住了两三年，等待着人们为他安排前途。起先是到法院书记官那里，学习所谓"承揽诉讼人"的行当，但卢梭很快就对这种枯燥乏味的业务反感透顶，结果便以"无能"的罪名被赶出了事务所。随后，大概是因为卢梭曾经见到过父亲摆弄钟表匠的锉刀吧，他被送到一个零件镂刻师那里当学徒。暴虐专横的师父使他感到工作苦不堪言，感到自己简直就是一个奴隶；他开始学会了"贪婪、隐瞒、作假、撒谎，最后，还学会了偷东西"。当他对一切都感到厌倦时，他重新捡起了读书癖，并常常寄情于玄思遐想。16岁那年，一次偶然的机会，使他下决心再也不回师父那里去了；满怀着一种获得独立的振奋心情，他要去漫游世界了。

然而，这个世界给予他的，并不是一条铺满锦绣的坦途，而是一条布满荆棘、坎坷不平的崎岖山道。卢梭似乎成了一个流浪汉，时而又当仆人、食客、随从，甚至像乞丐一样进过收容所。他曾经向往过的上流社会使他感到无比失望，结果便一次次地返回到平民的世界中，返回到农民、小店主、女仆、听差、小知识分子的世界中。只是在这个世界中，他才感到本能的舒畅，感到德行的力量和纯朴生活的美好。就像他在这个平民世界中欣赏到真正的慷慨、善良、忠厚、聪明和同情心一样，他在流浪和后来的隐居生活中领略了大自然的伟大、宁静、朴实和美妙。他的那颗常受伤害的心、善感而又不安的心，往往只是在面对阿尔卑斯山的壮丽日出或洛桑湖水的层层涟漪时，才又一次被熨平、被充实。

在卢梭的早年生涯中，绝不能忽略华伦夫人所扮演的重要角色。无论人们对这位妇女以及她同卢梭的关系有何评论，她在很长的时间里始终是这位年轻天才的真正庇护人。在华伦夫人的帮助下，卢梭一次次出去寻找机会；而每当他遭到不幸或遇到挫折时，他便再一次回到华伦夫人身边。海涅曾经说过："人们可以容忍你的一切——你的富有、聪明、出身高贵，却唯独不能容忍天才。"
而卢梭恰恰就是这样一个天才！当这个险恶的世界有可能轻而易举
地压杀一个天才时（事实上对于卢梭来说经常是如此），是华伦夫
人用她温柔的手拯救了卢梭，使他重新回到自己的"家园"。正像
华伦夫人用她入不敷出的家产保障了卢梭的物质生活一样，她更用
自己仁爱的心灵抚慰了卢梭精神上的伤害和隐痛。在后来卢梭与华
伦夫人同居的将近十年中，较为稳定的生活使他又一次开始了广泛
的阅读和思考，并开始写作，1737年卢梭写出了他的第一部喜剧
《娜尔西斯》。无论如何，如果我们有理由因其伟大思想而感谢这
位思想家的话，那么这位思想家就同样有理由来感谢华伦夫人，而
这种感激之情是那般真诚地出自肺腑。当卢梭后来提到他第一次见
到这位夫人的地方时，他说："我想我永远忘不了那个地方。此后
我曾多少次把我的眼泪洒在这个地方，用我的热吻吻这个地方啊。
唉！我真想用金栏杆把这块幸福的地方围起来，使全世界的人都来
瞻仰它！"确实，到了1928年，这个栏杆终于在华伦夫人故宅的基
地上建立起来了。

　　由于卢梭在自传体小说《忏悔录》中的那种惊世骇俗的坦白，
我们知道了他早年的不少"劣迹"。例如，他曾偷窃成癖，还因偷
窃而诬陷过一个善良诚实的女仆；他曾为了几十个法郎而改宗天主
教（至少他后来自己解释其改宗的动机完全是为了报酬），并且有
一次在朋友癫痫病发作最需要帮助时竟然溜之大吉。最受人指摘的
大概是他在和瓦瑟同居后（他后来终身和瓦瑟生活在一起，并在晚

年与之结婚）生下的五个孩子全被送进了育婴堂。诚然，要对这些行为进行道德批评是很容易的，就像人们往往对卢梭的坦白表示肤浅的敬意一样容易。但是，在这里真正重要的是：这些行为、这些劣迹，并不仅仅是一个牵涉到个人品质的问题，还是一个更为广泛的社会问题——正像卢梭在其理论中所要揭示的那个深刻思想一样：人的行为、品质乃是社会塑造的结果。因此，要弃绝个人品行的恶劣，就必须消除社会的恶劣，换言之，必须改造社会。当卢梭在《忏悔录》中坦陈自己的种种劣迹时，难道他不是同时也在指证改造社会生活的必要性吗？所以卢梭在他的故事中竭力表明，人的天赋素质是好的，它是在后来变坏的；在人的天赋素质不受到钳制压迫的地方，就不需要幻想；在没有私有财产的地方，偷窃就既不必要也无可能。

二、成为作家

1742年，卢梭到了巴黎，随身带着他写出的一些作品，包括诗歌、乐谱、剧本等，其中他最重视的是一种记谱法，他认为这是一个重要的发明，并且能够使他摆脱贫困。然而这个记谱法并没有帮其实现愿望，学院中的一些权威客气地否定了它。次年，卢梭到了意大利，担任法国驻威尼斯大使的秘书。在担任秘书的大约一年时间里，他虽然工作勤勉而且出色，但还是和粗鲁无知的大使闹翻；于是又不得不回到巴黎，在那里继续当音乐教师、作曲，还写了一些剧本——有一个舞剧曾在巴黎歌剧院演出，但看来演出是失败了，并未引起什么反响。

然而，在巴黎的这段时日，卢梭结识了"百科全书派"的一些著名的领袖人物。虽说卢梭和他们的关系始终未见得十分密切（主要是因为卢梭的想法与他们存在颇多差异），但还是同《百科全书》的主编狄德罗保持了十多年诚挚的友谊。卢梭不仅经常和百科全书派的人物会面、讨论（交往最多的是狄德罗和孔狄亚克），也参与了《百科全书》的工作，主要撰写有关音乐和经济学的论文。众所周知，在这部《百科全书》的周围，集结了一大批当时最著名的启蒙思想家和学者，其中包括达朗贝尔、伏尔泰、霍尔巴赫、魁奈、杜尔哥等。虽说这批人物的哲学观点、宗教观点和政治倾向不尽相同，但他们仍然是互相影响并在总的方向上——特别是在否定的方向上——保持某种一致的：他们以种种方式攻击教会，批判经院哲学，反对封建专制制度。例如，当一部分法国启蒙思想家成为无神论者和唯物主义者时，卢梭则以一种独特的自然神论的方式为信仰辩护。在一次宴会上，达朗贝尔谈话时对神的存在表示怀疑，卢梭立即愤怒地叫喊起来："我吗，先生？我是信神的！"但是，卢梭信奉的根据与老的"证明"相当不同，他把自己信仰的基础置放在人性的某一方面，置放在个人的内心世界或情感世界上。正是由于这一基础的变换，所以卢梭首创的这种信仰方式，不仅与经院哲学或理智神学相对立，而且完全有理由构成对教会统治的抨击（事实上，卢梭往往据此否认出于这个或那个教会的神圣启示、教义和各种信条）。在一封信中，卢梭这样写道："啊，夫人！有时候我独处书斋，双手紧扣住眼睛，或是在夜色昏暗当中，我认为并没有神。但是望一望那边：太阳在升起，冲开笼罩大地的薄雾，显露出大自然的绚烂惊人的景色，这一霎也从我的灵魂中驱散全部疑云。我重新找到我的信念、我的神和我对他的信仰。"这种新颖的并起过积极历史作用的信仰辩护方式后来也被称为"内心神学"，尽管它也很容易蜕变为一种蒙昧的宗教狂热。

对于卢梭来讲，一个决定性的转折发生在1749年。由于狄德罗的《论盲人书简》开罪了某些人，狄德罗被关进了范塞那监狱。作为他的契友，卢梭焦急万分，并写信给蓬巴杜尔夫人恳求营救。在去探监的路上，卢梭读到了《法兰西水星》杂志上的一则由第戎科学院公告的征文题目——"科学与艺术的进步是有助于伤风败俗还是敦风化俗？"卢梭立即被这个题目深深地吸引住了，狄德罗热情地鼓励了这个激动万分的朋友，要他把自己的思想放手发挥下去，写出论文去应征。于是，卢梭便完成了他的第一篇非常重要的并且影响其一生的学术论文——《论科学与艺术》。在这篇论文中，卢梭提出了与当时一般哲学家颇不相同的观点：科学和艺术是道德的仇敌，由于它们让人产生种种欲望，所以还是奴役的根源；科学和艺术的进步起了败坏风俗的作用，因而值得赞美的乃"高贵的野蛮人"，而不是贪婪自私的文明人；科学和艺术的起源都是卑鄙的，因此它们与美德势不相容。虽然看起来这只是一篇辞藻华丽、宣扬道德的文章,但卢梭思想的深刻之处在于:他把历史上发生的文化进步理解为一种人性的丧失、"异化",他把野蛮人天性的善良和文明社会的腐化对立起来,因为这个社会是建筑在不平等的基础上的。通过这种独特的理解方式,卢梭的论文包含着一种批判文明制度和否定现存社会的思想内容。

　　这种思想内容大概当时很少有人真正认识到,第戎科学院的论文评委们恐怕更没有认识到。1750年,当卢梭已把这篇论文丢到脑后时,第戎科学院宣布卢梭的论文获得第一名。论文在年底出版,一时颇引人注目。人们欣赏作者独特而一以贯之的立场,并且称赞作者观察问题的方式和有创造性的文体。这篇论文奠定了卢梭的声誉,使他成为哲学论坛上的闻名人物。而对于卢梭本人来讲,得奖的消息"又唤醒了我写出这篇文章时的全部观点,并且对这些观点赋予了新的力量,终于使我的父亲、我的祖国,以及普鲁塔克在我童年时代灌输到我心中的那种英雄主义与道德观念的原始酵母开始发作起来了。从此我就觉得做一个自由的和有道德的人,无视财富与物议而傲然自得,才是最伟大、最美好的"[1]。确实,卢梭开始要求自己采取一种独立而朴素的生活态度,他甚至把表卖掉,说他不再需要知道时间了;而在1752年其歌喜剧《乡村魔术师》在王室演出并大获成功时,卢梭还高傲地拒绝了路易十五准备授予他的年金。

---

① [法]卢梭:《忏悔录》第二部,商务印书馆1986年版,第439页。

《论科学与艺术》的主要思想在四年以后的《论人类不平等的起源和基础》中得到了更为详尽的表述和发挥。这部伟大著作也是为第戎科学院所做的应征论文，然而这次却没有获奖。在这部著作中，卢梭的主要观点包括以下几个方面。第一，人天生是善良的，而他之所以为恶，乃是种种社会制度使然。换言之，人的罪恶不在于人的"自然状态"，而完全是出于人为的制度。这一立场不仅与基督教的原罪说和通过教会得救说相对立，而且直接揭示了批判和改造当下社会的必要性。第二，卢梭谈到了自然法观念以及与之相联系的平等观念。他主张，为了对人类现今的状态做出适当的判断，就需要对"自然状态"有正确的观念；自然法必定直接出自自然状态，而在自然状态中，固然包含自然的或生理上的不平等（如年龄、健康、体力以及智力等），但另外一种不平等，即"精神上的或政治上的不平等"，却是人为的，它包括某一些人由于损害别人而得以享受的各种特权，它出于某种完全是社会的原因。在这个意义上，自然给了人们平等，而人们自己造成了不平等。第三，这种社会不平等的起源，应当从私有制当中去寻找。社会和国家产生的根本原因，也就是不平等产生的直接根源——私有财产的占有。"谁第一个把一块土地圈起来并想到说：这是我的，而且找到一些头脑十分简单的人居然相信了他的话，谁就是文明社会的真正奠基者。"①

---

① ［法］卢梭：《论人类不平等的起源和基础》，商务印书馆1962年版，第111页。

这部伟大著作没有获得第戎科学院奖，似乎早在卢梭的预料中；后来在一个出版商朋友的帮助下，这部著作于1755年出版。卢梭把它题献给日内瓦共和国，并因此而获得了"日内瓦公民"的称号（后来由于《爱弥儿》一书在日内瓦被焚，卢梭又失掉了这个称号；卢梭就此感慨地说，他之所以失掉这个称号，只是因为他太配享有这个称号了）。这时，恰逢伏尔泰从柏林迁居日内瓦附近，卢梭便把这本书寄送给他。由于两人的见解相距甚远，最终卢梭和伏尔泰反目失和。伏尔泰的回信说："我收到了你的反人类的新书，谢谢你。在使我们都变得愚蠢的计划上面运用这般聪明灵巧，还是从未有过的事。读尊著，人一心向往四脚走路。但是，由于我已经把那种习惯丢了六十多年，我很不幸，感到不可能再把它捡回来了。"这一"用四脚走路"的讽刺，主要是针对卢梭主张人类应回归自然的观点而发的；因为卢梭在这部书中，着力拿"人为的人"和"自然的人"对比，并且指出，"人的苦难的真正根源就在于人的所谓进化"。而伏尔泰甚至较早就针对卢梭的《论科学与艺术》写出了诗剧《中国孤儿》，试图以鞑靼人同化于中国文明的事例来证明文化理应战胜野蛮暴力的主张。

1761—1762年的两年时间，是卢梭思想著述最丰厚的收获期，他的三部里程碑式的著作先后发表。这三部著作不仅概括了卢梭思想的主要方面，而且最终确立了他作为这个时代的伟大思想家、社会和文化的批判家的地位。

首先是小说《新爱洛伊丝》在1761年出版。这部突然使得"洛阳纸贵"的爱情悲剧，力图以一种新的、与贵族阶级不同的道德准则来颂扬家庭生活的尊严——它针对所谓上流社会已然荒淫、堕落和虚伪的生活方式，诉诸一种新的、合乎市民阶级理想的家庭道德，要求一种有活力的和健康的情感生活。小说的第一卷乃是主人公感情自由奔放的颂歌，而第二卷则是他们在社会制度的重压下的悲剧性结局——由于父命难违，朱丽终于放弃她所爱的人而嫁给一个老头子。这是人的天性在社会制度面前的悲剧。如果有人以为这部小说的结局乃劝人安于命运的说教，那他就大错特错了：这种结局是控诉，是把有价值的东西毁灭给人看，是对扼杀人类天性的最严厉的抨击。同时，这部歌颂人的热情、歌颂活生生自然世界的小说，成了欧洲小说史乃至整个欧洲文学史的转折点：它的笔调是那样清新自然，它的音韵是那样丰富多彩，而它的伤感又是那样真挚动人——确实，它所特有的感染力既是新颖的，又是无与伦比的。不难想象，有多少读者是透过真诚的眼泪读完这部书的！《新爱洛伊丝》决定性地打击了旧有的贵族文学的思想和文风，开辟了近代现实主义文学的一个新方向，特别是引导了结合写实与抒情的小说新样式。卢梭是一个在文学内容、风格和情调方面开辟一个新时代的人物（对于法国文学尤其如此），以至于法国人说："卢梭是第一个使我国文学里充满了青翠绿意的作家。""要是没有他，法国文学就会朝另一个方向发展。"而德国人也补充说："通过《新爱洛伊丝》的范例，18世纪资产阶级小说才达到了一种更高的美学境界，从而有可能更深地理解生活的现实；没有《新爱洛伊丝》，也许就不会有《少年维特之烦恼》。"

接下来，卢梭的《社会契约论》在1762年4月出版。这部著作一方面承续《论人类不平等的起源和基础》的社会批判思想，另一方面又力图深刻地指陈一个新社会的原则，即民主的、平等的社会原则。早在十多年前，卢梭就打算写一部《政治制度论》，其中心问题是："什么是可能的最好的政府？"或者："什么样的政府性质能造就出最有道德、最开明、最聪慧，总之是最好的人民？"出于种种原因，该计划进展很慢；后来卢梭就从中抽出主要部分形成《社会契约论》，而把剩余部分付之一炬了。《社会契约论》共四卷，第一卷探讨人类是怎样由自然状态过渡到政治状态的，以及公约的根本条件是什么；第二卷讨论立法；第三卷讨论政治法，即政府的形式；第四卷继续讨论政治法，同时阐明巩固国家体制的方法。这部著作以下述命题开始——"人是生而自由的，却无往不在枷锁之中。自以为是其他一切的主人的人，反而比其他一切更是奴隶。"又以这样一种说法结束——"让我们努力哪怕是从坏事里面，也要汲取出能够医治人类的补救办法吧。让我们，如其可能的话，以新的结合来纠正普遍结合的缺点吧。"① 而构成《社会契约论》之中心主题，并被看作最具危险性的基本思想则在于：它倡言人民主权，并据此而否定王权神授说。因此，这部著作力图表达的主要原则是：自由与平等是人的天赋权利，而国家只能是自由人民

---

① ［法］卢梭：《社会契约论》，商务印书馆1980年版，第197～198页。

的自由协议的产物；既然国家的主权在人民，那么，倘若自由被强力剥夺，则被剥夺了自由的人民便有权革命，有权用强力夺回自由；最后，既然国家的主权在人民，那么，能够最彻底、最有效地贯彻和保障人民主权的政体便是最好的政体，它就是民主共和国。不难看出，这些基本思想后来成了资产阶级民主革命（特别是法国革命和美国革命）的理论主干和实践纲领，成了革命的资产阶级和人民群众的福音；同样也不难想象，当这些思想被公之于众的时候，它们将如何强烈地引起上层社会的敌视和恐慌，并且招来一阵阵暴风雨般的官方谴责。

与《社会契约论》的出版仅相隔一个多月，卢梭的又一部巨著《爱弥儿》问世了。这是一部以小说为形式的关于教育的论著。如果说《社会契约论》意味着一种新的社会原则，那么《爱弥儿》便意味着一种新的教育观念，意味着一种新人的塑造。与《社会契约论》和《论人类不平等的起源和基础》的主旨相类似，《爱弥儿》一书的开头一句话是这样写的："从造物者手中出来时，一切都是好的；到了人的手里，一切都变质了。"因此，教育的原则应当是遵循自然，亦即自由地发展儿童的自然而未变质的欲望和冲动。就像卢梭所塑造的人物爱弥儿一样，最好把儿童同社会环境分离开来，让他在懂得真正教育的私人教师的引导下遵循自然的进程来发展。在这个意义上，教育就总体而言只具有消极的作用，即注意和消除掉不利的条件，对儿童的自然天性予以照料和扶持。特别重要的是，《爱弥儿》悬设了这样一种教育目的，即尊重儿童的自然禀赋，发展他的个性，使他摆脱社会积习的偏谬、摆脱一切以成见为基础的传统——一句话，把他培养成一个能独立思考和判断的人，一个无论在生理上和精神上都是全面发展的人。作为近代儿童教育家的鼻祖，卢梭主张尽可能地用对世界的直接观察来替代书本知识，主张进行实物教育，主张在教育中使理论与实际相结合；作为社会和教育制度的批判家，卢梭认为合理的社会制度和优良的教育是最紧要的，因为这二者是使人类完善的最重要的手段。正是在这样的思想中，卢梭赋予教育（特别是儿童教育）以一种革命的意义：为了达成人类的完善，必须改造社会；而为了改造社会，又必须改造个人——因此，自然的教育方法在塑造新人的同时，便是在创造新的社会条件，以便使人能够摆脱当下社会的腐败和矫揉造作。

卢梭的这些著作，不仅使他成为当时最著名的伟大作家之一（其声名与伏尔泰不相上下），而且这些著作中的独创性思想，使他成为具有深刻历史影响的卓越人物。

三、卢梭的晚年和他的影响

当《新爱洛伊丝》获得巨大成功，无数的人流着眼泪阅读这部悲剧时，《社会契约论》和《爱弥儿》却招致了多方面的攻击。如果说《社会契约论》以人民主权否定王权神授的思想显然不能为当局所容忍，那么，初看起来并不十分危险的《爱弥儿》，却由于其中的一篇"自白"（《一个萨瓦牧师的信仰自白》）既抨击正统神学家又谴责无神论者，因而遭到两方面的夹击。虽然来自百科全书无神论派的批评几乎不会危害到卢梭的安全，但新旧教会和官方的愤恨却使他再度开始了颠沛流离的逃亡生活。《社会契约论》和《爱弥儿》在巴黎被下令焚毁，巴黎天主教会发布了声讨书，法院还下达了通缉令；逃往瑞士的卢梭在那里同样无法容身，日内瓦市议会也发出了焚书和逮捕的命令。于是卢梭不得不逃往纳沙泰尔附近的莫底埃——当时是普鲁士王弗里德里希大帝领地的一部分。卢梭在那里住了三年，不断受到牧师和教徒的恐吓和围攻，最后还有人诬告他，并且打算杀害他。所以卢梭便又逃到了英国，英国哲学家大卫·休谟曾多次表示愿意向他提供帮助。

当卢梭经阿尔萨斯初到英国时，似乎一切都颇为顺利。英王乔治三世给予他一份年金；除了休谟以外，他还和英国政治思想家柏克（E. Burke）等人过从甚密。但不久以后，卢梭就和他们争执起来，甚至不断地猜疑休谟是想要害其性命的阴谋代理人。这恐怕主要是由于卢梭的受迫害妄想症引起的。大约自18世纪50年代中期开始，他就时常受这个病症的困扰；而多次出现的政治和宗教迫害，又不断地刺激和加重了卢梭的受迫害妄想症。终于，这病症使他感到休谟时时在威胁他，于是便从英国逃回法国。后来，休谟评论卢梭的性格说："他在整个一生中只是有所感觉，在这方面他的敏感性达到我从未见过任何先例的高度；然而这种敏感性给予他的，还是一种痛苦甚于快乐的尖锐的感觉。他好像这样一个人，这人不仅被剥掉了衣服，而且被剥掉了皮肤，在这种情况下被赶出去和猛烈的狂风暴雨进行搏斗。"①这一描述颇为真实：卢梭是注定要和狂风暴雨进行搏斗的人物，而他的敏感性则使他在风雨来临之前就预演了激烈搏斗的场景——就他个人的性格来说是如此，这揭示了他生活环境的重压；就其思想的历史意义来说也是如此，而这又表现出他的伟大天才。

回到法国以后，卢梭重新过起流浪生活。直到1770年被法国当局赦免，他才定居在巴黎，并恢复了真名。他的暮年是在孤独和贫困中度过的。教会、法院、王室权贵和哲学家们都仇视他、攻击他，他自己则仿佛是一个与世隔绝的隐居者；然而他的思想的吸引力和影响力却与日俱增，以至于当时几乎没有人比他有更多热情的崇拜者了。这一时期，他又写了不少作品，其中有《一个孤独漫步者的遐想》《忏悔录》等。《忏悔录》不仅具有思想史方面的重大意义，而且是"一首世界文学中最美的诗"，成为影响了夏多布里昂、司汤达和纪德等人的文学杰作，成为浪漫主义抒情文学的先驱和典范。1778年7月，卢梭在爱尔蒙维尔（他是在一个半月前去到那里的）与世长辞，享年66岁。

卢梭思想的较为直接的影响，在于它对行将到来的法国革命之

---

① ［英］罗素：《西方哲学史》下卷，商务印书馆2011年版，第253页。

最激进的一翼提供了理论指引，产生了巨大的鼓舞作用。在卢梭看来，真正的主权者是人民；而人民不仅包括上升的资产阶级（第三等级），还包括小资产者、劳动人民和农民阶级（所谓"第四等级"）。如果说伏尔泰是为中等阶级要求信仰自由和思想自由的话，那么卢梭还试图为"第四等级"要求社会解放和平等的权利。因此，那些全力推进革命的激进党人——马拉、罗伯斯庇尔、圣茹斯特等——在观念方面是深受卢梭影响的。据说罗伯斯庇尔在大路易公学毕业后，曾去拜访过他所敬仰的导师。就像卢梭的自然神论蕴含着罗伯斯庇尔的"人民宗教"的政策一样，圣茹斯特的民主制计划和雅各宾党人的经济纲领也是从卢梭的思想发轫的。

卢梭政治学说的较为深远的影响，还在于他提出了一种与洛克的民主政治方案有区别的形式："他的政治理论是瑞士共和国的理论，正如伏尔泰所遵循的洛克的政治理论是英国立宪君主制的理论一样。"①换句话说，卢梭所设想的民主政治，要求人民直接参政（每一个公民直接参政），而不是代议制政体；关于后者，他是直截了当地称之为"选举制贵族政治"的。就卢梭而言，民主政体的想象背景乃古代希腊的城邦和日内瓦共和国。在《社会契约论》一书中，他曾多次以赞美的口吻提到普鲁塔克所描述的斯巴达，而在该书第一版卷首署名时用"卢梭，日内瓦公民"，并且说："生为一个自由国家（指日内瓦）的公民并且是主权者（指日内瓦共和

---

① ［美］梯利：《西方哲学史》，商务印书馆 2015 年版，第 428 页。

国的全体公民会议）的一个成员，不管我的呼声在公共事务中的影响是多么微弱，但是对公共事务的投票权就足以使我有义务去研究它们。"①于是，在卢梭看来，小国是最为可取的——在小国中可以有效地实施每一个公民的直接参政，而在大国就不可能实现这一点。

卢梭在社会理论方面的影响更为深刻。他是这样一种社会批判思想的滥觞：从人们的社会生活条件中去寻找德行和罪恶的根源，从社会的改造和变革中去谋求人类的完善。他又是这样一种社会研究的先驱者：从人类生活的自然环境和生产的技术进步来说明人们相互关系中新的变革原因，例如，在卢梭看来，家庭的产生是人们关系的第一次伟大变革，而这一变革是和人学会做石斧、盖茅舍相联系的；金属的冶炼和农耕创造了文明，并且产生了人类关系的新形式，即国家。他还以其杰出的天才猜测并表述了社会历史的辩证法——必然产生出来的某种进步，同时也是一种退步：一旦人类在生产、技术和智力方面向前迈出了几步以后，自然状态中占统治地位的平等关系就遭到了破坏；而在这条道路上的新的进步，同时也导致了不平等的新的扩大（私有制的发展，奴役和贫困的滋长）。因此，"使人文明起来，而使人类没落下去的东西，在诗人看来是金和银，在哲学家看来是铁和谷物"②。最后，卢梭的社会平等原

---

① ［法］卢梭：《社会契约论》，商务印书馆1980年版，第7～8页。
② ［法］卢梭：《论人类不平等的起源和基础》，商务印书馆1962年版，第121页。

则，成为诸多伦理学说和社会学说的灵感源泉。如果像卢梭所认为的那样，人生来具有同样的天赋权利和能力，并因而是平等的，那么，受一个特权阶级的统治就是不合理的，不管这个特权阶级是贵族还是工业资产阶级。因此，虽然卢梭远不是一个共产主义者，但他却并不怀有那种对私有财产的深切尊重，而其以平等为核心的社会原则或社会目的，则为近现代的多种理论思潮与实践的党派所继承和发挥。

确实，卢梭对后世的影响并不是单一的：一方面，他是一个为政治解放奠定理论基础、为行将到来的革命锻造"武器"的思想家；但是另一方面，其学说确实包含着某些可以为后来的反理性主义和政治浪漫主义加以利用的东西，包含着造成其实际方案中的某些"保守主义的和甚至是反动的因素"（普列汉诺夫语）。例如，卢梭的自然神论和内心神学、他对感情更甚于理性的强调，以及他要求返回自然状态的某种倾向等，为信仰主义和神秘主义开启了方便之门，为开历史倒车的浪漫主义主张留出了空间。对于这样一些观点和思想倾向，我们必须善于理解，也就是说，必须联系具体的历史条件去揭示和把握它们的实际意义。以这样一种方式看待问题，我们就会发现，卢梭的思想——无论是其伟大的一面还是其缺陷的一面，都是为历史所成就的东西。举例来说，在卢梭的时代，就像内心神学有效地抗击了教会的教义和信条一样，卢梭的自然神论在人民群众的宗教信仰还强而有力的时候，成为联结人民进行斗争的纽带；就像返回自然状态的呼吁和社会批判的激烈要求相联系一样，卢梭对良知和激情的一力强调，则成为积极地鼓动革命的有力杠杆。如果说，这些思想和观点后来也得到了另外一些方面的发挥，并且显而易见地暴露出它们的缺陷——理论上的虚构、不彻底性、乌托邦主义的甚而是保守的和倒退的倾向，仍然是应当依靠历史或通过历史来予以批判或说明的。

掌握了伟大历史原则的黑格尔非常确切地肯定了卢梭在思想史上的巨大意义，就像我们在本章的题记中所看到的那样，黑格尔指出，卢梭代表着自由原则在近代思想史上本质重要的出现。而这个原则提供了向德国古典哲学（以及一般的德国启蒙思想）的过渡——康德哲学的真正基础就是这个自由原则。至于康德如何深刻地受到卢梭的影响，可以从下面的一段话中看出（虽然这段话也许只是涉及了一个方面）。康德写道："我自己爱好研究，具有极强烈的求知欲，急切地要获得知识，每前进一步都感到满足。有一个时期，我相信这都会促进人类的繁荣，我蔑视无知的贱民。卢梭纠正了我。骄傲的优越感消失了，我逐渐尊重人类。如果我不相信这种思考能够使我承认其他一切职业有价值，即重新确定人类的权利，我想我自己还不如一个普通劳动者那样有用。"①

也许可以说，卢梭思想的伟大力量，就像它曾经在一个方面引导了法国的政治革命一样，也在一定的意义上启示了德国的思想革命，从而浇灌了人类思想，使其在德国哲学中繁花盛开。

---

① ［美］梯利：《西方哲学史》，商务印书馆 2015 年版，第 430 页。

康德

▼

关于终归要死的人至今尚未有谁比康德（Immanuel Kant）说了更为崇高的话，这也是他的全部哲学的内容："自我规定"。自我规定这个伟大的思想照耀着我们，它反映在我们称之为美的自然现象之中。

——席勒

现代西方哲学的各个学派，无论其相互间的对立、争论或者疏离多么严重，它们各自关心的或者共同关心的主题，都与康德的批判哲学所引起的问题，或多或少地相联系。正是在这个意义上，我们可以肯定地说，康德哲学提前一百年预示了西方哲学的近现代之分。这就是康德的重要性。

自然，康德哲学本身按其性质，仍然属于近代哲学，也就是说，它仍然试图根据人类理性的准则去理解世界。更具体地说，它的出发点依旧是人类理性所达到的成果。它分析这类成果的性质，借以表明理性的力量及其范围，也表明人所面对的世界如何同人心中的理性成分相一致。这一切努力，本质上属于西方近代哲学的旨趣。不过，康德从英国经验论所发展出来的怀疑主义那里所获得的养料使他不再相信可以凭借理性得到超越经验的绝对知识，因此，他的哲学的最后结论保留了一个不可知的世界，为人类知识规定了一个界限。在界限之外，是一个超经验的彼岸世界；在这个世界中，人类理性由认识的力量转变为信仰的力量、行动的力量。简言之，他明示这样一点：正是知识的有限性证明了人的自由。他用这种方式给自由留下地盘。这样的结论超出了近代哲学的旨趣，引发出现代西方哲学对逻辑本身的盘问和对人的存在的有限性的关怀。

因此，我们可以说，康德哲学改变了对西方精神传统所形成的"古老的"哲学问题的提法。问题提法的改变引出了新的问题。对新问题的探讨构成了现代西方哲学的视域。所以，康德这个近代人物真正地站在近、现代思想的交界点上。

代表这一交界点的著作，是他的《纯粹理性批判》。该著作于1781年问世。今天几乎没有人怀疑这部著作的问世是西方思想史上的一个大事件。不过，对于康德来说，他要让他的同时代人承认他的著作的"革命"意义（他自认为他通过此书完成了哲学上的"哥白尼革命"），却绝非易事。其实，何止是他的同时代人，时至今日，仍有不少人继续以出于误解的观点评论着康德，其中还不乏"大师级"的人物。难怪德国的另一位哲学家叔本华（与黑格尔同时期的人）要将如此的赞誉赠给康德：

> 这新的一代逐步逐步吸收了消化了这内容，然后得以分享天才的这一善举。人类这一世代，天才的这一既幼稚又倔强的学童，它的教育就是这么缓慢地渐进的。——那么，康德学说的全部力量和重要性，也只有通过时间，在时代精神自己有朝一日逐渐地被这学说所改造，在最重要的和最内在的方面都已转变，从而为那精神伟大的巨人的威力提供了活生生的证据时，才会显著起来。

叔本华本人在康德成就的基础上开创了现代唯意志论一派的哲学路向，而且回过头来以自己的立场批评了康德哲学。但是，他仍然认为，凡在康德以后的哲学探索者，都应当先做这位"精神巨人"的学童，并把这一步看作是在思想上由童年进入成年所必不可少的。平心而论，叔本华的这种说法并非夸大其词。任何一个愿意深入了解康德思想的人，都会发现，康德对于传统的哲学问题由以发生的隐秘的前提做了空前彻底的探究。这种探究意味着要摆脱许多根深蒂固的信念；而要做到这一点，则意味着艰苦的努力。研究康德思想要求这样的努力。不过，这样的努力是会得到报偿的。至少，你将由此而真正懂得，人类对于自己生活于其中的文化世界的根基负有无可推诿的责任。

一、"一个真正充满人性的老师"

　　伊曼努尔·康德，1724年4月22日生于东普鲁士的一个边境城市哥尼斯堡①。双亲是普通的劳动者。父亲是马鞍匠，母亲则是皮匠的女儿。两人都是路德新教中的虔信派教徒。

　　双亲的新教信仰对于童年康德影响颇大。虔信派信仰的核心内容，是把劳动、义务和祈祷神圣化。特别是，它把义务神圣化的观念诉诸个人的良心：唯个人的良心才使个人与上帝相通。这种信仰在当时德国的下层劳动者中间十分普遍。生活贫寒的人们从中获取心灵的慰藉和人格的尊严。据康德自己的回忆，他所受到的最初的道德教育是经由这样一件事：他家乡的两个手工作坊的工人之间发生了一次严重的争执和诉讼，这场风波将其父亲卷了进去并使其蒙受相当大的损失。但他的父亲表现了极其非凡的自制力和宽容精神，未曾对使其受害的人有过任何过火的言辞和举动。此事让幼小的康德印象极深，使他后来在一生中都带着崇敬的心情看待虔信派

---

①　该城在第二次世界大战后被划归苏联版图，并易名为"加里宁格勒"，今为俄罗斯联邦管辖。

的精神：

> 人们对虔信派可以说东道西，但虔信派的信徒却是一些严肃而又超群出众的人。他们具有高尚的人类情操——稳重、乐天和任何欲念都破坏不了的内心平静。他们既不怕困境也不怕压迫。任何纠纷都不能使他们产生仇恨和敌对的情感。

受到虔信派熏染的康德，从小即培养起很强的自制力，这帮助他度过了贫寒清苦的少年时代。他的家境本不宽裕，母亲的过早去世（母亲去世时，他才13岁）致使父亲只能勉强度日。16岁时，康德考进了哥尼斯堡大学。大学期间，他常常因经济拮据而中断学业，有时不得不依靠有钱的同学的资助。面对贫穷的压力，康德告诫自己，"勿绕困难走，要迎困难行"，"要让财物受你的支配，而不要使你受财物的摆布"。

自制与严格的纪律固然帮助了康德的人格成长，却也产生了一种"负面"的效果，即：使他自早年起就形成了相当程度的抑郁质。当然，天生的体质孱弱也促成了他的抑郁质。他终生为抑郁质所苦恼，不得不经常地用自制力去对付它，但并非总能成功。对于摆脱忧郁心情来说，轻松愉快的社交活动是一条方便的途径，因此，我们能够理解，康德为何喜欢到人多的地方去，并且从不单独一人进午餐。

康德对于自己所属的抑郁质类型做过论述，这些论述可以看作他对自己的内心世界的一种解说。他说，不要以为抑郁质的人不懂得生活的乐趣，总是陷于苦闷之中，其实，只是在受到外来影响或内在影响时，他比别人更易于陷入此种境地而已。这种人把信念置于其他一切之上，即使是由享乐带来的乐趣，在他那里也有一种严肃的味道。按照康德的这种说法，抑郁质的人对于生活怀抱有一种出自原则的理想主义态度，因此从不避重就轻，而是设法使享乐与原则相一致。康德本人在世俗功名和幸福方面所走过的并不顺利的道路，倒确实证明他是属于他所描述的这种人格类型的。

康德在大学毕业后长期未谋得在大学的教职，只能以当家庭教师为生。直到31岁时，他才在哥尼斯堡大学谋得编外讲师的职位。这种职位有公开授课的权利，但没有薪俸，收入来源是听课的学生所交纳的数量有限的学费。他的这种编外讲师的身份持续了十四年之久。

编外讲师报酬低微，但授课任务却相当繁重。康德每周的课时少则16小时，多则28小时。他自己也曾抱怨说："我每天都被束缚在讲台上，从一节课到另一节课，简直是在受折磨。"但尽管如此，他始终真心诚意地在讲台上教导着自己的学生。他在讲课时的认真与真诚以及讲课内容的丰富与深刻，给他的弟子们留下了极为深刻的印象。多少年以后，康德桃李满天下，其中有不少弟子在德国，乃至于在欧洲都享有盛誉，比如，后来在德国文学运动中执牛耳的赫尔德尔就是其中的一个。赫尔德尔曾以生动的笔调描绘过自己的这位老师：

我常常怀着感激而兴奋的心情回忆起我年轻时候同一位大哲的相处，他对于我来说是一个真正充满人性的老师。……他那广阔的、有如为才思而生就的一副前额上打上了开朗豁达的痕迹，思如泉涌的动人语言从他的唇际溢出。……他讲的课有如愉快的谈话；他在谈到某个作者时总是既能设身处地又能进一步发挥他的思想。在我每天都听他的课的那三年中，我一次也没有发现他有些许的骄傲情绪。他的对手妄想把他驳倒，但他却毫不在意……他不懂什么叫阴谋诡计。宗派习气和贪图虚荣是与他格格不入的，他绝不招降纳叛，也不千方百计地在年轻人中间博取名声。他的哲学促使人们去进行独立思考，在这方面我想象不到还有比他的讲课更有效的方式。

　　康德到了46岁时，终于被任命为哥尼斯堡大学逻辑和形而上学的编内正教授。

　　他一生的大部分精力都放在教学上，在1781年之前，只发表了一些简短而不成熟的著作和论文。1781年是他一生中最伟大的成就《纯粹理性批判》问世的年份，是年他57岁。

　　1796年，康德延续了四十一年之久的教学生涯到达了终点。在这一年的7月23日，他做了生平最后一次讲座。他虽然宣布以后还要讲课，"如果健康状况允许的话"，但是未能如愿。这位年逾古稀、受人爱戴的哥尼斯堡老人已经力不从心了，他的机体官能已经衰弱。据他的另一个著名弟子费希特的回忆，这时的康德好像在沉睡中讲课，惊醒之后重新开始他那早已忘了一半的课题。

的确，一个以对人类履行义务的信念而孕育出深刻思想的头脑，也终要依从生物界的规律而渐渐停止工作。不过，哥尼斯堡的居民们已经深信，这位享誉欧洲的老人将会因他的思想而不朽。1797年6月，这个城市的居民决定庆祝这位哲学家的学术生涯五十周年，他们的计算方法是依据康德发表的第一部著作《论对活力的正确评价》的序言所标明的时间：1747年4月。该城的大学生们在庆祝日那天列队来到康德的住所。乐队奏响了乐曲。一位20岁的青年走进了教授的房间，向这位老人表示祝贺并且保证：人们永远不会忘记他教的课程。在街上，人们则高呼着万岁。

1804年2月12日，康德走完了朴实而具有尊严的一生。

在哥尼斯堡这个康德未曾离开过的城市的城堡墙上，至今安置着一座铜碑，上面镌刻着康德在《实践理性批判》结束语中的一句话：

有两种东西，我们对它们的思考越是深沉和持久，它们所唤起的那种越来越大的惊奇和敬畏就会充溢我们的心灵，这就是繁星密布的苍穹和我心中的道德律。

二、"哥白尼革命"

　　康德对西方思想的贡献主要同他的"批判哲学"联系在一起。康德的批判是指对人的心智能力进行的批判。这里所谓"批判"不是指驳斥或否定，而是指弄清人类心智的性质、可能性、范围和界限。康德一共作了三大"批判"，如他一生中的三部主要著作的书名所示：《纯粹理性批判》《实践理性批判》《判断力批判》。这三部"批判"的主题，概而言之，是分别讨论真、善和美。在康德看来，真善美是人类心智能力之运用所指向的目标，它们分别对应人类心智能力的三个方面：认识（知）、自由意志（意）和审美情感（情）。三个"批判"，即是审视人类心智的这三个方面，以求指明人类的知识、社会生活实践以及审美活动的客观基础。

　　康德的批判哲学的提出，意义极为重大。西方近代的启蒙运动，反抗中世纪的基督教对人的精神统治以及神学对知识领域的垄断权，从而开辟了关于自然和社会的自由研究的道路。西方人从此相信，理性一旦摆脱盲目的信仰而自由地面对（观察和思考）经验世界，就为真正的知识打开了源泉。而"知识就是力量"的口号也就成了新时代的福音。仿佛只要遵循理性并勤于观察和实验，从而获得科学的知识，就能解决人类生活各个领域中的一切问题，就能使这个以前被基督教所贬抑的尘世日益进步、日益完善。这就是近代西方关于科学万能以及进步之无限可能性的乐观主义信念。但是，新时代的、正在兴起的资本文明的世界的现实状况，它所面临的重重社会危机和社会灾难，却为这种乐观主义信念画了一幅讽刺画。西方人力图以科学精神来对付一切困难，结果只是发现：一方面，科学不是万能的；另一方面，曾经受到理性的无情批判的传统信念并非一无是处。于是，理性转而怀疑自身，开始提出审视自身的要求。康德的批判哲学正是代表了这种要求，并且在很大程度上满足了这种要求。

看来，在基督教的上帝的绝对统治被撼动之后，现在轮到了理性自己，它似乎也将遭受同样的命运。出路无非两条：或从理性那里退却，重返神秘主义的信仰；或坚持理性，但要弄清其真相，以便启蒙运动的积极成果——人的依凭理性的自由价值——得以保存和发扬。

康德选择的是后一条道路。

康德的批判哲学之批判理性，不是否定理性，否定其权能，而是给理性权能业已得到的证明——数学知识和自然科学知识——划定界限，从而指出理性在这些知识领域之外的权能、性质。这就是为理性权能指出其新维度。这是康德为自己规定的使命。

要真正理解康德是如何完成上述使命的，需要足够的耐心，这不是三言两语就能讲清楚的。康德著作的晦涩难读更增加了理解的困难。其中最晦涩难读但又最重要的著作是《纯粹理性批判》。这是他宣布自己的新思想的第一本书。

该书的实际写作，据康德自己说，只用了四五个月的时间，是"仓促写成的"，但它却是"十二年沉思的产物"。1770年前，康德已因其著作和文章而享有声名，但此后一直沉默着（只发表了一些零星的小评论），竟然持续了十一年之久。

十一年之后，即1781年，《纯粹理性批判》终于问世，但并未引起强烈的反响。人们采取了冷淡的态度，没有公开批评，也没有任何质疑。书的销售情况很糟，出版商甚至已开始考虑未卖出去的书怎么处理的问题。连康德的高足赫尔德尔也写道："康德的《纯粹理性批判》对我来说有如一块顽石，看来，我是难以读完它了……我不知道整个这套难以捉摸的迷魂阵是为了什么。"

这就是一部注定将在哲学史上不朽的作品在其发表之初的遭遇。不过，对于一部真正具有革命意义的伟大作品来说，这样的遭遇是再正常不过的了。这样的作品必将经受住时间的考验而在后来的世代中愈益显示其重要性。这一切其实早已得到了证明。从康德的学生费希特开始，到后来的谢林、黑格尔，这整个以"德国古典哲学"闻名的哲学运动就是从康德起始的。开辟现代唯意志论思想路向的叔本华，也是从康德出发的。即使是同欧洲大陆之偏重人文精神的哲学大异其趣的英美分析哲学和科学哲学，也往往从一开始就着手应对康德学说所提出的问题。康德成了现代人从任何一个角度去钻研哲学问题都不可绕开的人物。

我们在这里篇幅有限的文字中自然不可能讲清楚《纯粹理性批

判》一书的全部理论意义（西方世界阐释此书的论著早已数不胜数），但是，我们还是力图简明地讲一讲康德所说的哲学上的"哥白尼革命"的含义，以便为进一步了解康德的思想学说提供一个必要的起点。

众所周知，"哥白尼革命"是以"日心说"取代"地心说"，从而推翻托勒密天文学理论的长期统治的一件天文学上的大事件。康德认为自己在哲学上也完成了一场类似的革命，即把关于认识是概念去符合对象的传统观念颠倒过来，代之以关于认识是对象之符合思想范畴的新的基本提法。用他的话来说，就是人的"知性"（依赖范畴的判断能力）"为自然界立法"。这一提法，初一看，立即会给人以"主观唯心主义立场"的印象。难道认识不是去认识那不受认识主体支配的、自在地存在着的自然对象吗？难道认识倒反而是认识主体为自然界颁布规律吗？如果是这样的话，人类哪里还谈得上去把握外部世界的客观真理呢？确实，如果仅仅面对"知性为自然界立法"这一宣言，上述疑问必然会产生。然而，我们要真正理解一种具有深远影响的哲学理论，是不应该匆忙地给它贴上某种分类标签的。我们还是应该先搞清楚这一理论本身的基本内容及其根据。我们现在就来尝试一下。

如前所述，康德的批判哲学是分析人类心智能力的可能性与界限，而它的第一个分析对象便是心智的认识能力，康德把它叫作"纯粹理性"。"纯粹理性"的目标是去认识"真"。认识的成果是判断。判断有真假。真的判断构成客观知识。那么，要问：客观知识从何而来？康德之前的哲学对这一问题的不同回答大致上区分了哲学上的两大派别：经验论和唯理论。经验论认为，一切知识以感性为其终极基础，概念、判断归根结底得自感觉。所以，人宛如一块白板，通过感觉获得"印象"，整个知识大厦的基础便是"印象"。所谓具有普遍性和必然性的知识，其实只是由于一系列感觉印象恒常地前后相续而建立起来的习惯（这是休谟把经验论原则贯彻到底而得出的对人类知识可靠性的怀疑论观点）。唯理论则认为，杂多的、变化的感性经验并不能向人心揭示世界本身的真相。真正的知识是人类的理性超越感觉经验而把握了世界内在的本质，因此，知识的确实性起源于思想本身。唯理论确认，这种起源于思想本身的知识（"先天知识"）才是全部知识的基础。康德的探索从超越这两大派别的对立开始。在他看来，经验论和唯理论虽各有一定的道理，但都还是远离了对人类知识的正确分析。

康德自己的分析是这样展开的：首先必须区分感觉与经验，经验虽离不开感觉，但感觉并不等于经验。举例来说，我们有一条经验：水结成冰。这条经验之所以可能，当然要有对水和对冰的感觉，但是，光是凭我们的感官先感觉到流动的水，后感觉到冷的、坚硬的冰，我们何以就知道"水结成了冰"呢？换句话说，我们何以知道那先的液态和后在的固态原是同一种东西呢？我们何以确知在时间中发生的感觉变化是源自一个在时间中不变的同一者呢？须知，这个"不变的同一者"是无法被感觉到的！所以，在一条经验中，总包含着不能被还原为感觉的成分。在上述"水结成冰"的经验中，就包含"在时间中不变的同一者"这一非感觉的成分，而这个非感觉成分就是哲学上所说的"实体"范畴。正是实体范畴把先前流动的水与后来凝固的冰这两种感觉联结成"水结成冰"这样一条经验。

　　康德通过区分感觉与经验而得出的结论是：感觉不是经验的唯一基础。除了感觉以外，经验还另有基础。上面所提到的实体范畴便是经验的另一种基础的一个例子。如果进一步再问：这另一种基础既然不是通过感官而获得的感觉，那么它来自何处呢？康德的回答是：来自人心。范畴是人心在认知世界时所固有的能力。康德一共列举了十二个范畴：单一、多数、总体、实在、否定、限制、实体—属性、原因—结果、交互作用、可能性—不可能、存在性—不存在性、必然性—偶然性。这些范畴就是人心施用到杂多的感觉材料上，使之构成为各种经验的固有的能力。倘若人心不是固有着这些范畴，并且固有着将这些范畴施用于感觉的能力（这种能力，康德称之为"先验图型"，并对之作了非常复杂的论证，在此不拟介绍），那么人类就只有茫然一片的感觉，谈不上有任何经验，更谈不上有在经验的基础上形成的科学知识。

　　人类理性中的这一部分，即作为这种施用范畴的能力，被康德称为"知性"，上面提到的十二个范畴因此也叫"知性范畴"。这些范畴既为人心所固有，便不是从经验中归纳而来的（也不是如休谟所说的由恒常重复的诸感觉之联系而来的"心理习惯"），因此是"先验的"。但是，我们必须注意，康德并不是通过一条迂回的道路重返唯理论的"先天知识"观。康德的先验原理不同于唯理论的先验原理：后者是指理性可以脱离经验而直接把握世界在其现象背后的本质，前者则指人心先天固有的只是认识形式，如果没有感性直观为这些形式提供材料，它们就是空的。而且这些形式只是人心的形式，而非世界自身固有的形式。比如，"实体"只是人心的范畴，而不是独立于心外的世界自身的存在形式。因此，康德不同于唯理论哲学家的地方在于下述两点：（1）关于自在存在的世界的先天知识是不可能有的，"先验的"不等于"脱离经验的"，而是指"构成经验的"；（2）独立于心外的，即不与心发生任何关系的自在存在的世界是不可认识的。这两点是康德的先验哲学的根本要点，它们促成了康德哲学的大部分富有意义的内容。

先谈第一点。康德的先验分析方法（所谓"先验演绎"）首先不是用来说明知识的，而是用来说明经验的。而说明经验，在康德看来，即是说明世界，也就是说明我们如何可能面对一个"客观世界"。经验前的感觉只是茫然混沌的一片，不是一个向所有的人都呈现其所是的、"公共的"客观世界。要获得一个"公共的"客观世界，所有的"心"（知性主体）必须以同一种形式将杂多的感觉材料构筑成经验，这样构成的经验便是人人共有的经验，如此，一个"公共的"客观世界才呈现出来。假如张三对李四说"水结成了冰"，李四之所以听得懂这句话，是因为李四的心中也和张三的心中一样有着对"实体"的领会。假如李四的"心"和张三的"心"不一样，即李四的"心"中无"实体"范畴，那么，李四永远不会有"水结成冰"的经验，这条经验只能是张三的。由此推论，一个"客观世界"之所以可能，在于人同此"心"，"心"同此"理"（此"理"即指知性范畴）。

现在，我们终于可以明白所谓"知性为自然界立法"是什么意思了。用康德自己的话来说，就是"知性不是从自然界获得自己的规律，而是给自然界规定规律"。

通过前面的论述，读者可能会觉得，康德对"知性为自然界立法"的论证确实很有道理。但同时也可能仍然觉得这种与常识信念相悖的结论难道不是取消不依赖于认识主体的"客观自然界"及其"客观规律"了吗？这里就应谈一谈康德先验哲学的第二个要点：不能进入人类经验的本体世界是不可知的。

常识的信念坚持：经验是一回事，世界本身又是一回事。这种坚持没有错。不过，不依赖于经验的世界本身总是在经验中才向人呈现出来，这一点也没有错，因为，我们根本无法知道在经验之外世界本身是什么样子。沟通着我们与世界本身的唯有我们的感觉，但感觉不仅不可能向我们呈示世界本身的形式或规律，甚至也不向我们保证世界本身有着其固有的形式或规律。人类并没有理性的直观可以超越感觉而去直接认识世界本身。所以，世界本身（或说"物自体"）在康德的先验哲学中首先代表的是认识上的一个界限概念。这也就是著名的康德式的不可知论。

不过，我们切不可仅仅在认识论的意义上理解康德的不可知论，这种理论所具有的本体论意义是更为重要的。首先，它设定了人作为认识主体的有限性，从而在根本上否定了知识的无限权能，因而也就是在根本上宣布了科学万能的观念是错误的。其次，它承诺了二元论的思想，即：一方面，设定了作为行认识者的先验本原的"先验自我"（范畴及其施用都源于这个先验自我，因此是这个先验自我规定出了一个客观的现象世界）；另一方面，设定了一个先验自我无法对其行规定的自在存在的世界，即"本体世界"。世界的存在被双重化为"现象界"与"本体界"。再者，由于在构架客观的现象界方面规定着一切经验事物的"先验自我"不可能将自身也作为一个经验事物来规定（这个意思就是，先验自我不可能对自己也进行认识），所以，这也就暗示了这个在现象界之外的"先验自我"在本体界中有其根源。

上述三点中的最后一点是最为重要的：如果先验自我不在现象界中而在本体界中，这就意味着，人作为生物的肉体存在，固然也是现象界中的一项经验事物（对他可以进行自然科学的研究），但作为行认识的理性存在（先验自我），他就不是一项经验事物，因此是不必服从现象界中的因果必然性的，他不是连绵不断的因果关系之链上的一个环节，他超出因果之链，他不是自然必然性所决定的。

这里，开始显示出康德的第一批判（《纯粹理性批判》）的更深刻的理论目标。它不仅仅是要揭示知识的客观性的根据，以便制止休谟的怀疑论对科学大厦之根基的破坏，而且同时是要将科学及其所揭示的客观规律（因果性、必然性）限制在现象界的范围，从而使本体界——它是一个真正实在的世界——成为一个不受科学及其定律所支配的世界，也就是，成为一个自由的世界。我们可以试想一下，假如那个在时间和空间之中的、具有严格的因果秩序的世界就是唯一的实在世界，那么，自由就是不可能的。倘若自由是不可能的，人就不能超拔于事物之上，就没有真正的主体性。就算人有认识能力，被科学知识武装起来，能够巧妙、准确地找到有效的手段来实现他的愿望，他仍然不是自由的，因为，他既然仅仅落在了因果秩序之中，那么他的愿望本身就只能来自这因果秩序，他不能决定自己的愿望。从这里我们可以知道，康德的自由概念不是"手段的自由"，而是"目的的自由"。

"手段的自由"只关乎"我能知道什么"，即只关乎人的认识能力；"目的的自由"则关乎"我应该做什么"，即关乎人的道德能力。而对于"我应该做什么"的问题，科学是无能为力的。

由此可见，康德的不可知论给科学知识划定了界限，为的是给自由留下空间，为的是把人不仅理解为认识的主体，而且理解为伦理的主体，并且，伦理的主体并非从属于认识的主体。由此，我们便进入了康德的第二部批判——《实践理性批判》——的论题范围。

三、"绝对命令"

我们在前面曾经讲过，在康德故乡至今有一块铜碑，上面刻着选自《实践理性批判》的一段文字，其中说有两种东西在我们心中唤起惊奇和敬畏，一种是"繁星密布的苍穹"，另一种是"我心中的道德律"。前者指的是科学研究所面对的神奇的自然之谜，后者说的是使人高出动物之上的自律的善良意志。这两者，一种是对科学真理的追求，关系到对自然世界的认识问题；另一种是对善的追求，关系到人类的社会生活的基础问题。对这两者的判然划分是与对现象界和本体界的判然划分相一致的。康德不允许混淆知与善。不过，他本人在早期也是曾经将这两者混淆了，是卢梭启发了他。他对此这样回顾说：

> 我自己爱好研究，具有极强烈的求知欲，急切地要获得知识，每前进一步都感到满足。有一个时期，我相信这都会促进人类的繁荣，我蔑视无知的贱民。卢梭纠正了我。骄傲的优越感消失了，我逐渐尊重人类。如果我不相信这种思考能够使我承认其他一切职业有价值，即重新确定人类的权利，我想我自己还不如一个普通劳动者那样有用。

卢梭给康德的启发在于：世间除去善良的意志以外，没有绝对的善。把快乐、幸福当成绝对的善，其实是把人仅仅视为现象界中的存在，与其他的物没有根本的区别。唯有善良的意志才是自我决定的意志，它才是唯一的善。假如没有这个善，社会世界与动物世界便没有区别。

但人如何自我决定自己的善的意志呢？假如这种决定并不依赖理论知识，那么它依赖什么呢？

这实际上是一个早在古希腊时代就已形成的哲学问题，即理论知识与实践知识的区别问题。理论知识涉及真与假，是判断（凡判断均有真假），它的目标是真理。实践知识涉及应当与不应当，是决定（凡决定，并不关涉真假），它的目标不是真理，而是要确定人的义务。康德认为，人之所以不仅是一个知性存在者，还是一个理性存在者，就因为每个人实际上都懂得这两者之间的区别。这表征了人的"先验的自由"。所谓"先验的自由"意指人不可能从经验界中得出自由的观念，自由的观念是理性超越经验而创造的，而自由本身虽然不可被感知，却是使人的社会世界得以可能的构成条件。

所以，理论知识以作为认识能力的理性（知性）做基础，实践知识则以先验的自由做基础。但先验的自由同样源于理性，但这个理性的权能已不是形成判断，做出有真假的知识，而是进行推理，做出决定。

正像理论知识有一个客观性的问题（康德在第一部批判中以先验逻辑的方法解决了这个问题）一样，实践知识也有一个客观性问题。实践知识的客观性问题在于：我能否客观地知道我应该做什么？所谓"客观地知道"，即是说，我不能只依靠我自己的主观偏好来决定应该做什么。假如人人都只凭主观偏好决定其行为，则客观的社会关系、客观的社会世界便无以可能。康德的《实践理性批判》就是要着手解决实践知识的客观性问题，以便向人们揭示社会世界本身的先验条件。

我们可以对照着客观理论理性的施用方式来理解康德对实践理性之运用的论证。理性的理论运用与理性的实践运用的根本差别是什么呢？理性的理论运用导向知识，它形成关于世界的判断，它可以告诉我们为了实现既定的目的我们可以有哪些手段（"技术方案"），但永远不可能向我们推举行为的目的，不可能形成任何能够激发我们去行动的动机。而理性之实践的运用的要害正是在于它必须只凭借它本身即能形成激发行为的动机。这是实践理性不同于理论理性的本质之所在。

理性真有这样的能力吗？理性真的除了判断之外，还能自足地形成我们行动的意志吗？假如我们的所有意志归根结底只是在我们身上起作用的生物规律的产物（比如，我饿了，我便立刻就有了觅食的意志），那么，理性的能力就永远只是形成判断，选择手段，至多表明凡有理性的人，只是更聪明一点的动物而已。康德所要竭力排斥的正是这种自然决定论（他因此也就排斥了一切功利主义的伦理观）。他要证明实践理性的真正存在。他的证明是这样的：理性之所以能够导向实践，即导向意志之形成，是因为理性能够形成命令。实践理性不是形成判断，而是形成命令（这一点是康德伦理学的根本要点）。实践理性是能够激励我去行动的理性，假如它对行为的决定不起作用，它就不是实践的。"理性用它的实践法则直接决定意志"。因此，"命令"来自理性的实践法则之运用。运用实践法则就是理性所做的关于目的的推理（不是"关于手段的推理"）。这种推理的结果就是命令。任何单纯的知性存在者不可能做这种目的推理，唯可能自由的主体（同时是本体世界中的成员）才能有这种目的推理，也就是具有为自己建立行为目的的力量（不是由外部的自然原因获得目的）。

康德进一步对实践推理中的"命令"概念进行了论述。康德指出，在关系到实践（行为之决定）的思维中，命令分为两种：假设命令和绝对命令。对于康德所谓"假设命令"，我们可以举这样的例子来说明："若要人不知，除非己莫为。"这是一个为中国人所熟知的民间的道德格言，恰好符合康德所说的假设命令的性质。这里所做的关于不做邪恶之事的规劝，所凭借的理由是一个外在目的：假若你不想扬恶名于天下的话，你就不要做坏事。因此，这一格言所提出的"道德律"是一个有条件的命令。由这种命令所引发的制止行为的动机，不能归因于作为自由界中的我，只能归因于经验世界中的因果必然性的强制。由此可见，它不是由于单纯运用理性而生的命令，没有真正的客观的普遍有效性。设若某人不惧恶名，便抽去了这一推理的前提，从而也就取消了这一条"不能为恶"的命令。所以，它归根结底不是实践理性所必然产生的道德律。纯粹由于理性的运用所产生的命令才是"绝对命令"。绝对命令不是从任何经验事实中推论出来的，也不是从人类的特殊的自然本性中推论出来的，而是从人的理性的自由本质中推论出来的绝对的"应当"：我之所以不能为恶，是因为我作为理性的存在者若去行恶，便同时宣布了所有的理性的存在者都可以行恶，因此，其他人就同样也可以对我行恶，而我作为知道应该行善去恶的理性存在者，我的行恶便使我陷于自相矛盾之中。这样的推理表明，在绝对命令中不包含"假如"。

康德并没有按照上述绝对命令的原则去推演出种种具有具体的经验内容的道德律令，因为他认为若这样做恰好是否定了人作为道德实践主体所具有的意志自律的自主性。因此，在他看来，伦理学的任务不是规定包含经验内容的具体的道德规范，而是应该发现人类的道德实践先天地所依凭的纯形式的最高原则。

这最高原则有三项。

（1）"只按照我同时立志要它成为普遍规律的那个准则去行动"。

（2）我必须"如此行动，以便把人——无论在我自己的自我中还是在他人的自我中——永远当成目的，而不仅仅当成是手段"。

（3）"每一理性存在者都必须如此行动，似乎他根据他在各种情况下的准则来看，是普遍的目的王国的立法者"。

这就是康德为绝对命令所立下的三个著名的公设。

不同意康德的道德哲学的哲学家们往往正是抓住这三个公设进行抨击，认为它们表明了康德伦理观的极端抽象、空无内容、缺乏现实的实践意义。这种批评不能说是完全没有道理的。康德确实无法说明人类的工具理性（手段推理）与人类的实践理性（目的理性）究竟如何协调一致起来。人的二元分裂——一方面是现象界中的成员，另一方面是自由界中的成员——在康德那里是始终保持着的（他后来试图在美的领域中弥合分裂，所以写了第三部批判——《判断力批判》）。由于这种被保持着的分裂，"应当"就始终与"现实"对峙，这种对峙使得人类的现实历史内容无法进入他的哲学考察的视野。后来的黑格尔在康德先验逻辑的基础上创造了辩证逻辑，才得以把广阔丰富的历史内容纳入先验地探讨社会历史世界之根基的"历史哲学"中去。在这种历史哲学中，历史上的各种具体的道德规范、道德现象才得到了虽然是思辨的然而却是历史的说明。不过，这是近代西方哲学史的后话了。

然而，我们在这里仍然愿意指出，黑格尔后来的发展并不能取消康德伦理学的理论功绩。他的伦理学第一次富有说服力地确立了人类道德价值的自主地位，明确反对了将道德价值归属于任何特定的功利价值，或归源于人类的自然本性的做法，这就启发人们去更深刻地思考科学与道德的关系问题，去思考不能由科学给出回答的人的自由和人的义务的问题。康德用先验哲学的语言为我们描画了人类的有如天使般的理想存在，指出了一切社会邪恶原本与人的本质存在相悖。他的学说虽然不能像后来的唯物史观那样科学地指明社会进步的现实道路，但毕竟代表了一种对人的自由的充满意义的哲学论证，有助于人类自我意识的进一步觉醒。

黑格尔

▼

　　黑格尔（Georg Wilhelm Friedrich Hegel）的思维方式不同于所有其他哲学家的地方，就是他的思维方式有巨大的历史感做基础。形式尽管是那么抽象和唯心，他的思想发展却总是与世界历史的发展紧紧地平行着，而后者按他的本意只是前者的验证。

——弗·恩格斯

黑格尔的名字为当代中国读者所熟知，恐怕是因为马克思。黑格尔把由康德起始的德国古典哲学推进到顶峰，这就为马克思完成其伟大的哲学变革准备好了前提和基础。马克思的学说传播到中国之后，黑格尔及其学说就成为学习和研究马克思主义的中国读者也必须加以研究的对象。

　　但是，黑格尔哲学的意义不仅限于它是马克思学说的主要思想来源之一。事实上，它代表了欧洲近代哲学发展的一个总成果。它在19世纪上半叶一度享有的影响和权威几乎可与自然科学领域中的牛顿学说相媲美。一位德国著作家曾经在其发表于1857年的著作中这样写道："在现在活着的人们当中，还有不少人清楚地记得那样一个时候：那时全部学术都从黑格尔的智慧的丰盛餐桌上得到滋养；那时一切学科都为哲学学科服役，目的不外是想从绝对者的领域的最高监督以及著名的辩证法的无所不通的威力那里给自己弄到一些什么东西；那时任何一个人，如果他不是黑格尔的信徒，他就必定是一个野蛮人，一个愚人，一个落后的和可鄙的经验主义者。"从这段话可以想见黑格尔哲学在西方思想界曾经拥有的地位，它几乎成了真理的化身，成了一切学术部门想要有所前进都必然遵奉的最高原理的体系。

　　然而好景不长。到了19世纪四五十年代以后，黑格尔哲学的体系就因其后继者的分道扬镳而开始了一个解体的过程。甚至到了20世纪初，黑格尔哲学竟已成了众矢之的，大多数的现代哲学派别差不多都是从对黑格尔主义的反叛开始其哲学创造活动的。黑格尔成了公共的敌人。对于这一情况，美国哲学家M. 怀特在其《分析的时代》一书中所做的评述，在我们看来是最为准确和公正的。

几乎20世纪的每一种重要的哲学运动都是以攻击那位思想庞杂而声名赫赫的19世纪的德国教授的观点开始的，这实际上就是对他加以特别显著的颂扬。我心里指的是黑格尔。……现在不谈他的哲学，我们就无从讨论20世纪的哲学。他不仅影响了马克思主义、存在主义与工具主义的创始人，而且在这一时期或另一时期还支配了那些更加属于技术哲学运动的逻辑实证主义、实在主义与分析哲学的奠基人。问题是在于：卡尔·马克思、存在主义者克尔凯郭尔、约翰·杜威、贝特兰·罗素和G. E. 摩尔，这些人在这一或那一时期都是黑格尔思想的密切的研究者，他们的一些最杰出的学说都显露出从前曾经同那位奇特的天才有过接触或斗争的痕迹或伤痕。

确实，只有真正具有重大意义的哲学学说才会在一个时期内统治人们的思想，而又在随后的时代由于人类思想的必然前进而成为备受攻击的靶子。这是黑格尔学说的命运，也是它的殊荣。

一、一位拥有幸福与功名的德国教授

并非所有的伟人都有不平凡的气质。如果撇开黑格尔创作的那些在人类思想史上具有不朽地位的著作不谈，那么我们面对的就只是一个非常平凡的、追求着世俗幸福与功名的大学教授。黑格尔，就其外在的生活而言，就只是这样一个人。黑格尔把人生幸福概括为这样一个公式："一有公职，二有爱妻"。这个公式来自他在结婚时所说的这样一段话："我终于完全实现了……我的尘世夙愿。一有公职，二有爱妻，人生在世，夫复何求？"①这种幸福观，固然是平庸的，但也是无可非议的。也许，可以说，正是这种观点帮助黑格尔度过了平静而富有学术成果的学者生涯。

1770年8月27日，黑格尔生于德国的斯图加特市，父亲是服务于符腾堡公国宫廷的一个普通的文职官员（税务局书记官）。家庭门第虽不很高，但经济宽裕，衣食无忧，并能保证幼年的黑格尔获得最好的教育。黑格尔从一开始就表现出一个好学生的全部优点：学习勤奋、成绩优良、循规蹈矩、安分守己。从他少年时期所记的日

① ［苏联］阿尔森·古留加：《黑格尔传》，商务印书馆1997年版，第72页。

记来看，他完全是一个少年老成、谨小慎微的人。日记的内容都是一些琐碎的事情和对中学同学中不良行为的道德说教式的评论。所以，黑格尔的传记作者库诺·菲舍尔不禁要感慨地说："当时谁也不曾预料到，这个陶醉于如此一部乏味小说的平庸少年竟会脱胎换骨，成为一个深刻的思想家，他还将孜孜不倦，力图上进，有朝一日作为当代第一位哲学家而出现。"[①]

黑格尔从斯图加特市立文科中学毕业后进入了图宾根神学院学习。这是当时的符腾堡公国所办的两所高等学校之一。成了大学生的黑格尔仍像中学时代一样，一心读书，很少寻欢作乐，以至于他的同学们戏称他为"老头儿"，并赠他一幅漫画，画上的黑格尔驼着背，拄着两根拐杖，旁边的题词是："愿上帝保佑这个老头儿。""老头儿"黑格尔虽受到了嘲笑，但是他的勤奋终将被证明是极有价值的：他的渊博学识使他有可能在日后去建造一个在思想史上罕有伦比的庞大哲学体系。

在图宾根神学院时期，黑格尔还有另一个重要的收获，即他结识了谢林。后者比黑格尔晚了两年入学并和他建立了深厚的友谊。谢林才华横溢，思想早熟，对黑格尔显然产生了巨大的激励作用。他比黑格尔小5岁，却赢得了黑格尔有如面对师长一般的敬重。谢林从图宾根神学院毕业后不久，即1798年，便当上了耶拿大学的讲师，成为受到大学生们崇拜的新思潮的领袖人物。而这时的黑格尔

---

① ［苏联］阿尔森·古留加：《黑格尔传》，商务印书馆1978年版，第7页。

还默默无闻，并且自认"仅仅是个学徒"，对于谢林已经发表的理论见解不敢提出批评意见。

在黑格尔念大学期间，有一桩划时代的事件发生了，那就是法国大革命。1789年7月14日，巴黎人攻占了巴士底狱。革命的消息从法国传到了德国，德国的进步力量立即发出了热情的欢呼。当时，在图宾根出现了一个政治俱乐部，进步人士聚集在一起讨论法国的事件，谈论德国的命运。黑格尔加入了俱乐部，而且是俱乐部中的积极分子，他在会议上发表政治演说，阐述了卢梭的民主思想。这是黑格尔一生中第一次公开表达自己的民主主义政治倾向。尽管后来老年的黑格尔在政治上为普鲁士的专制国家辩护，但他对法国大革命的伟大意义的肯定态度却终生未改。他曾经赞美法国大革命是"一次灿烂辉煌的日出"。他在革命发生的日子里曾和他图宾根神学院的同学们一起去郊外栽种自由树。他在日后写道："一切有思想的存在都分享到了这个新纪元的欢欣。"甚至在年届50岁时，已成为"为普鲁士君主国服务的哲学家"的黑格尔也仍然没有忘记每年纪念一次法国大革命。据他的朋友回忆，在1820年秋季的某一天，黑格尔让人拿来一瓶香槟酒，说是要为"庆祝今天"而干杯。在座的人顿感茫然，不知"今天"是什么日子，最后还是由黑格尔宣布说："今天是7月14日，为纪念攻破巴士底狱干掉这一杯。"这一逸事表明，在黑格尔的内心深处始终怀着对法国大革命所表达的人类自由的理想信念，尽管他在政治哲学方面的观点已经离开了自由民主主义的立场。

1793年，23岁的黑格尔顺利地完成了在图宾根神学院的学业，通过了毕业论文的答辩，但是他并没有去当一名牧师。对于他做出这一决定的原因有各种说法，比较可信的解释应该是：他已产生了厌恶教会的情绪。受到法国革命和卢梭著作影响的黑格尔不愿意在教会的支配下从事神职活动。毕业后，黑格尔去了卢梭的故乡瑞士，在那里他为一个贵族当家庭教师。这个贵族有三个孩子，给这些孩子教书花不了多少时间，这使他得以利用主人家里丰富的藏书继续进行学术研究。

1799年黑格尔的父亲去世，给他留下了一笔遗产，数目虽然不大，却使他能够辞去家庭教师的职务而于1801年前往耶拿大学谋取教职。谋职的过程并不是十分顺利。在克服了一系列障碍之后，他终于得到了耶拿大学编外讲师的授课资格，靠为数不多的听课学生的少量学费来补贴生活。这一情形与康德在青年时期的境遇十分相似。

耶拿时期是黑格尔一生中最主要的时期，在这一时期他开始了自己独立的哲学创立工作，写作《精神现象学》。马克思称这部著作为"黑格尔哲学的真正诞生地和秘密"。这本书对于黑格尔的意义有如《纯粹理性批判》之于康德。该书无论在其思想上的深度和独创性方面，还是在它的艰深难读方面，都堪与《纯粹理性批判》相比拟。这两部书同是西方思想史上的里程碑式的作品。至今甚至无人敢说自己能够真正完整地、前后一贯地、清楚明确地解释黑格尔的《精神现象学》。然而，就是这部谜一般的作品，却是在仓促之中完成的。当时的黑格尔已经差不多花完了从父亲那里获得的遗产，正处于急需用钱的时候，他便同出版商签订了合同，规定由出版商预付稿酬，但手稿必须在1806年10月13日前寄出，否则将承担严厉的罚款。到了这个日子的时候，正逢耶拿战役，法国军队兵临耶拿城下，黑格尔不得不冒最大的风险：将未经誊抄的唯一手稿在双方军队交战的混乱中寄出。所幸手稿并未遗失。该书于1807年问世。

已经形成了自己的哲学体系雏形的黑格尔在耶拿大学的教学却无成绩可言。他不是通常意义上的好教师，不善于讲课，以致在大学里落了一个"木头人黑格尔"的名声。当时的学生这样描述他们的这位老师的讲课情景："他待在讲台上，就像坐在家里的书桌跟前一样，翻翻自己的笔记本，找找还要讲的段落，吸鼻烟，打喷嚏，又咳嗽。他低沉地讲，费力地斟酌字眼，如果是涉及简单明了的事物就更是如此，仿佛这些事物正因其简单易懂反而使他烦恼。一旦谈到问题的本质时，他便变得从容不迫，双目炯炯发光，但即使在这种时候，他的语调、手势和表情却仍与讲话内容不相称。"这段描写是令人发噱的，是这位奇特的天才作为教师留给人们的奇特的形象。不过，作为思想家，他不久就将紧紧地吸引住他的同时代人。

法国军队到达耶拿后，耶拿大学关闭了。黑格尔离开耶拿到达班堡，在那里受聘任《班堡报》的编辑。他工作了一年多以后，该报出于政治原因而被查封。黑格尔前往纽伦堡，在那里被任命为纽伦堡文科中学的校长，时间是1808年12月。他在这个职位上干了八年。在这八年中他的家庭生活与思想事业两方面都十分称心美满。他娶了出身于纽伦堡的一个世家的年轻姑娘为妻，感受到了家庭生活的温暖。同时，他在学术研究上进展很快，出版了三大卷的《逻辑学》（出版的时间分别为1812年、1813年和1816年）。这些著作使他声名鹊起。他所获得的荣誉的光芒使先前的精神领袖谢林黯然失色。这时的黑格尔与谢林之间在社会声望上的对比曾由海涅以生动的笔触做过描绘："谢林先生当时是个大人物。但是在这期间黑格尔出现在哲学舞台了，谢林先生开始变得黯然失色，他晚期几乎没有写出什么东西来，甚至被人们忘记了，只在著作史上还有点意义。黑格尔的哲学成了统治的哲学，黑格尔成了精神王国的君主，可怜的谢林，一个走下坡路的、被废黜的哲学家，悲戚忧伤地到慕尼黑其他下台的先生们中间转游去了。"①

1816年10月，黑格尔告别了纽伦堡，接受了海德堡大学的聘请前往该校担任哲学教授。这个职位提高了他的经济收入，还使他有更多的时间从事著述。在海德堡大学任教期间，他撰写了《哲学全书》，第一次以相对简要的陈述向公众显示了他的完整的哲学体系。

黑格尔的哲学理论现在不仅使他在广大公众当中享有声望，而且引起了普鲁士国家的高度重视，官方认为他的哲学对于普鲁士的

---

① ［德］亨利希·海涅：《论德国》，商务印书馆1980年版，第100页。

专制政体有益无害。黑格尔关于抽象自由的虚幻性的论述以及关于达到个人利益与整体利益和谐一致的具体自由的要求，都使普鲁士的当局自认为是对现行政治制度的合法性的论证。因此，普鲁士的教育大臣亲自写信给黑格尔要求他接任极有威望的柏林大学哲学教席职位。考虑到柏林正在成为整个德国的学术中心，黑格尔欣然接受了邀请，于1818年来到柏林。

在柏林大学任教时期是黑格尔人生的最后阶段，也是他的学术创造的巅峰时期。在这段时期里，他发表了《法哲学原理》一书，讲授了历史哲学、宗教哲学、美学和哲学史。他吸引了大批听众，人们从德语世界的四面八方前来听他讲课。这些对国家的进步和未来抱有信念的德国听众，从黑格尔的哲学中看到，具有普遍力量的理性及其进步的必然法则是他们的信念的深刻基础。在这个时候也赶到柏林大学来与黑格尔一争高下的叔本华，不得不在这种被普遍接受的乐观的理性主义面前败下阵来，他的悲观的非理性主义尚未得到时代的共鸣。

1830年，黑格尔的崇高地位使他成为柏林大学的校长。

1830年8月27日是黑格尔的六十大寿。他的学生们为祝寿而定制了一种纪念章。纪念章的正面是黑格尔的侧面像，背面则是一幅象征画：画的正中是守护神，右边是一个手执十字架的女性，左边是埋头读书的老学者，他头顶上还有一只象征智慧的猫头鹰。寓意十分鲜明，表示黑格尔的思想是信仰与智慧的结合。

不幸的是，黑格尔未能如人们所期望的那样高寿。1831年11月

14日，他因胃病恶化①而突然谢世。

黑格尔的墓设在柏林市中心，在他旁边安息着费希特和布莱希特。

二、绝对知识

德国古典哲学是西方思想从古希腊时期发展到近代的杰出成果，它起始于康德，完成于黑格尔。德国古典哲学对于西方精神文明的意义之重大是公认的。而它的意义则是从它的根本特征中获得的。这个根本特征是什么？新黑格尔主义者克洛纳对此有过十分精要的阐述："从自我的本质去了解事物的本质。"克洛纳指出："历史证明，在整个欧洲思想界，德意志民族的特殊使命就在于把一切伟大的运动引入人类灵魂的堂奥，使它们在人心的深处安定下来。"

所谓"从自我的本质去了解事物的本质"，其实指的正是康德的先验哲学为德国古典哲学确定的根本方向和原则。在此我们需要对这句话稍做解释。这里的"自我"并非指主观的个人的心理的自我，后者，按照康德的学说，只具有个别的经验存在的意义。他强

---

① 另一种说法是他死于急性霍乱。

调的自我乃"先验自我"，是"人同此心"的那个普遍的"心"。而所谓"事物"并非指独立于心外的"自在之物"，而是经验世界中的客观的经验事物。而按照康德对经验的先验分析，事物之所以如此这般地向我们呈现为这样一个经验存在，是"心"的先天认知形式对感觉材料进行构筑的结果。所以，我们对于经验事物所把握到的真理，究其根由，还是扎根于我们作为共有此"心"的认识主体所能领会到的纯粹的思维范畴（康德称之为"知性范畴"[①]）。

康德的这一先验原则其实必然推出这样的结论：所谓认识客观事物的本质，说到底，还是去认识那个自我的本质，因此，认识，表面上看来是认识那独立于认识主体的"自在之物"，其实倒不如说是"先验自我"在做自我认识。

不过，康德可没有得出这样的结论，因为康德的哲学是二元论的哲学，他在证明先验自我的存在的同时，也承诺了独立于先验自我的"自在之物"的存在。这种对心外之物的保留把世界一分为二，一方面是由先验自我参与其构成的"现象界"（我们的经验世界），另一方面是先验自我不可能对之形成真实知识的"本体界"（自在之物、自由、上帝、不朽的灵魂都在这个世界中）。康德的后继者们在接受他的先验原则的同时，对这样的二元论十分不满。他们要消灭这种二元分裂，要证明在自我的理性本质面前并没有一

[①] 关于"知性范畴"之含义，可参见本书《康德》一章。

个不可知的世界。费希特、谢林和黑格尔这三位康德的后继者对此抱着相同的见解。

我们知道，黑格尔发表其独立的哲学见解的第一部主要著作是《精神现象学》。在这部书的导言中，黑格尔着力批判了康德的不可知论，以说明他此书的基本目标就是要论证真实知识之基础。他对康德的批判是如此展开的：康德预先假定了认识与实在之间有一个区别，而把认识看作我们借以把握实在的某种工具或媒介，因此康德认为要研究真理的可能性问题就先要考察认识工具本身的性质与界限，但是，这种视认识为工具并且把认识与实在本身分开的观念是一种错误，是"无用的观念和说法"。其理由是，认识与实在并不是两个各不相干的各自独立的存在，倘若去除认识，我们便不可能面对任何实在，若这时仍要说"有实在"是自相矛盾的，或者，这个"实在"毋宁是一个空虚的黑洞。黑格尔用"光线"来比喻认识，假如没有光线，任何实在的对象先已不可能存在，更毋论光线对对象的歪曲。因此，假如先取消我们的认识行动，则既无认识也无实在。在《小逻辑》（该书属于他的《哲学全书》的一部分）中，当涉及这同一话题时，黑格尔提出了一个著名的比喻来嘲笑康德对认识能力本身的考察：

康德指出，我们在进行工作以前，必须对用来工作的工具，先行认识，假如工具不完善，则一切工作将归徒劳。……但要想执行考察认识的工作，却只有在认识的活动过程中才可进行。

考察所谓认识的工具，与对认识加以认识，乃是一回事。但是想要认识于人们进行认识之前，其可笑无异于某学究的聪明办法，在没有学会游泳以前，切勿冒险下水。

简言之，黑格尔对康德的不可知论的批判的要点就是，认识本身就是把握实在，设想一种在把握实在之前的"纯粹认识"是荒唐的。黑格尔的批判是否正确、是否有力，这一点我们让读者自己去思考、去分析。我们在这里要指出的是，黑格尔这一批判的基础乃思维与存在同一的本体论思想。思维为什么与存在是同一的呢？我们可以把黑格尔对此的论证用一个日常生活中的普通事实来说明。比如，猫是动物中的一个物种，我们说"世界上有猫"，意思即是说动物界中有"猫类"，我们的这句话并不是仅说"张三家里有一只猫"。张三的猫是猫类中的一个特殊个体。若张三的猫死了，也就是说，这个特殊个体可以被感知的存在消失了，我们并不会因此就认为世上的猫死了。我们明白个别猫的变灭不是猫类的消失。作为个体的万物确实要生死、兴灭，但其共性、其内在本质却长住不变。猫之类，即是所有个别猫的内在本性，个别的猫则是这种内在本性的——外在的定在。我们的感官知觉所能把握的只是一个个外在的定在（一只只个别的猫）。那么，试想，我们何以知道"猫类"的呢？通过思维。类是思维所把握的对象。而日常事实告诉我们，个别是变灭的，类是长住的。因此，为思维所把握的乃个别事物之内在的本质。每一只个别的猫的死，都表明了这是类对于个体的胜利，是本质对于定在的胜利。

上述例子说明，思维所把握的乃一切经验存在之内在的本质。这会引出怎样的结论呢？引出两个结论。第一，"类"是我们的思维自身的规定，用康德的话说，就是我们的思维的先天形式，我们确实是用这种思维形式去理解感性经验的。但是，第二，"类"不仅是我们思维的规定，而且是事物存在的内在本性（个别事物的消失并不消灭这个事物的内在本性：个体死亡，类仍存在）。这两个结论（前一个结论属于康德）合起来，就是思维与存在的同一性：思想不仅是我们的思想，而且是客观事物的本性。黑格尔说："当我们把思维认为是一切自然和精神事物的真实共性时，思维便统摄这一切而成为这一切的基础了。"①

但是，按照黑格尔的看法，人类的意识并不是一开始就能达到上述关于思维与存在同一的认识的。要达到这种认识，需要一个漫长的历史过程，这个过程就是人类意识的发展史。《精神现象学》就是对这部历史的描述。如黑格尔所说，它是"培养和教育意识自身达到科学水平之过程的详细历史"。我们在下面试图用最简洁的语言介绍黑格尔所描述的意识发展过程中几个最关键的阶段。

一是感性确定性。感性确定性是意识的最初的、最朴素的形式，它表现为确认在任一特定时刻向感官呈示的特殊事物。比如，

---

① ［德］黑格尔：《小逻辑》，商务印书馆1980年版，第81页。

我在此刻看到一个西红柿。人类意识在最初难免以为这种对当下的一个西红柿的感知是最确凿的知识了。但是，黑格尔立刻指出，这种感性确定性的认知是无法进入语言表述的，一旦用语言表达，这个感性确定性马上就失去了它的个别性而进入了共相的世界，接受了共相世界的一切预设：空间（这里）、时间（此刻）、存在（是）、类（西红柿）。因此，感性确定性不可能仅仅依凭自身而成为可传达的知识。

二是潜在的自我意识。比如，牛顿的物理学定律，就属于"潜在的自我意识"，科学家们往往以为他们所发现的定律就是实在自身的定律，思维只是帮助我们去发现它们而已。但是，正如康德在黑格尔之先即已指出的那样，这些科学定律之所以成为我们的知识，只是我们的知性以一种必然的形式（知性范畴）将感觉材料加以加工的结果而已。如"重力"和"力"这些概念，并不是我们所看到的存在于实在本身中的那种东西，而是我们的知性为了把握实在而建构起来的东西。这些建构起来的东西其实出自我们共有的"心"——先验自我。因此，在科学的认识活动中，实际上是意识在设法理解它自己的创造物。这就意味着，当人类意识达到自然科学的知性水平时，也就达到了能够反思自身的程度，这便是意识开始向自我意识的转变，所以，黑格尔称之为"潜在的自我意识"。

三是精神。明确的自我意识就是精神。意识一旦认识到科学的定律就是它自己的创造物，它就开始理解理性的真正含义及其普遍性的力量：一方面，它意识到世界的理性本质（在科学中，理性通过意识来建构客观世界）；另一方面，它知道自己同样拥有理性的本质，于是便要求在实践中依据理性塑造世界。被塑造的世界包括自然世界和社会世界。这样的自我意识便是精神。

上述三大阶段是从《精神现象学》的冗长的描述中抽取出来的最重要的阶段。这样的抽取可以使我们对《精神现象学》的思想内容有一个基本的了解。通过这样的基本了解，我们现在可以发现黑格尔在康德的"从自我的本质去了解事物的本质"这一先验原则的基础上所做出的发展。

第一，黑格尔的思维与存在同一的本体论思想取消了康德的不可知的"本体界"，其结果是把实在看成是由理性建构的，并不存在与理性无关的实在，理性就是终极实在的本性。正是在这个意义上，黑格尔称自己为"绝对唯心主义者"，以区别于主观唯心主义者。

第二，正因为实在是由理性所建构的，并且，理性建构实在的过程本身正是意识发展的历史，即意识通过各个阶段上的意识形式的演变而达于自我认识的过程，所以，实在不是在一开始即是已被完成了的既定的实体，而是一个发展的过程，这个过程同时既是实在的发展过程，也是精神的发展过程。当精神的发展达到了意识对自身的理性本性的充分认识之时，也就是实在在自身的发展过程中向意识呈现自己的全部真实性的时候。所以，黑格尔在《精神现象学》中说实体即是主体：

人类精神所做的认识努力看起来似乎是在实体以外进行的，似乎是一种指向着实体的活动，事实上就是实体自己的行动，实体因此表明它自己本质上就是主体。当实体已完全表明其自己即是主体的时候，精神也就使它的具体存在与它的本质同一了，它既是它自己又是它自己的对象，而知识与真实性之间的直接性和分裂性所具有的那种抽象因素于是克服了。……到这个时候，精神现象学就终结了。

这段话道出了整部《精神现象学》的秘密：虽然我们开始似乎只是在追寻那个作为逐渐认识实在的精神所走过的历程，但在这一历程的末尾，我们终将发现，我们一直是在考察着那个建构着实在的精神。因此，黑格尔对康德的先验原则加以发展的第二个方面，就可以简要概括为"从自我的发展去了解事物的发展"。康德的先验原则是静止地分析人类共有的"心"所具有的认知形式，而现在，黑格尔把这个静止的"心"转变成一个处于演变、发展过程中的精神，同时又将它同实在世界的历史发展相统一。这是对康德的先验原则的具有本质重要性的推进：将全部宏大的世界历史进程纳入先验原理的适用范围。

既然历史被纳入先验原理的范围，康德的那种静态地分析纯粹认识形式的先验逻辑就不适用了。黑格尔创造了辩证逻辑，以便表明意识之所以能从一种意识形式向另一种意识形式转变，是由于每一种意识形式所固有的矛盾以及由克服矛盾的需要所产生的推动力。在康德那里矛盾是知性在力图把握绝对的实在时必然暴露出来的悖谬，因此是证明不可知论的论据。但在黑格尔那里，正因为每一种较低一级的形式都是片面的、不适于把握绝对的，所以它必然由于自己的片面性而生长出自己的对立面来，然后通过克服对立而使自己扬弃，上升到较高一级的意识形式，这样就构成意识的辩证发展。《精神现象学》通篇采用辩证逻辑的方法来讨论人类意识的演变。

由此可见，黑格尔的哲学之所以能够将宏富壮丽的世界历史纳入自己的思辨体系，即是由于黑格尔学说的两个最基本的因素："实体即主体"之新的思有（思维与存在）同一观和辩证逻辑。

现在我们终于可以明白，对于康德来说是不可能的关于实在的真实知识，对于黑格尔来说是如何可能的了。一部《精神现象学》的主要目标，说起来非常简单，就是要证明真实知识的可能性。到了精神发展历程的末尾，这个证明就达到了：当精神省悟到它一向努力认识的实在就是它自己的创造物时，这就表明，一方面，精神终于克服了自己的片面性与不完善性；另一方面，实在终于完全呈示了自己的理性本质，从而消解了自己的一切貌似自在之物的"彼岸"假象。这时，精神才懂得，在它之外没有任何东西，它与实在成了一体：绝对知识就是"精神在精神的形态中认识自己"。

三、历史哲学

　　黑格尔的哲学是以康德为起点的，尽管他对康德哲学的主要结论都进行了驳斥。在讨论真实知识的可能性时，黑格尔承继了康德对知识的先验分析的原则，但驳斥了他的不可知论，他通过引进实体即主体的原则和辩证逻辑的方法而达到了对"绝对知识"的论证。在历史观方向，黑格尔同样以康德的先验自由观为起点，即同意康德关于真正的自由是实践主体仅仅根据理性的命令而做出选择的思想，但是却批判了康德的绝对命令的道德公设的抽象性，以及关于人类的社会世界的基础是对绝对的善的信仰，而不是出自理性的实践知识的观点。

　　细心的读者当能注意到，当黑格尔在《精神现象学》中讨论到作为明确的自我意识的精神时已经指出了自我意识不仅用理性来建构关于自然世界的科学图景，而且由于知道自己的理性本性便要求依据理性来塑造社会世界。因此，《精神现象学》虽然好像只是要证明真实知识如何由于自我意识的发展而成为可能，好像只是在讨论认识论，但是它对理性怎样通过意识的发展而逐渐建构实在（这个实在包括作为人与人之间的关系的社会世界）的描述，其实是同时宣布了一种历史哲学。这种历史哲学并不是把在各个社会历史阶段上曾经有过的具体的社会关系看作偏离了康德的绝对命令的一系列"错误"（按照康德的原则，这些社会关系之所以是"错误"的，是因为它们都仍然是受制于特定的欲望和利益的，因此是不自由的），而是看作通过自我意识对自身的理性本性的逐步自觉而建立起来的社会存在。这种自觉每达到一定的水平，便促成相应的历史事件，并形成相应的社会形态（如一定的经济的、政治的、法律的制度）。因此，人类历史，作为社会形态的演变史，其实正是与精神发展同一的过程，因为它作为自由意识的进步过程，恰恰等同于精神向绝对知识的发展。

这是知识论与历史哲学的统一。这种统一在康德那里是不可能发生的，因为康德仅把对于自然的认识看成真正的知识、唯一的知识，而对于超感性的社会关系，在他看来是不可能形成客观知识的。因此，在社会世界中，每个人只有通过遵循自己内心的理性良知，才能建立合理的社会关系，一句话，合理的社会世界的基础是源自理性的信仰，而不是源自理性的客观知识。

然而，黑格尔赋予人类认识以本体论的意义，这样，他就不允许知识仅仅停留为数学和自然科学的形态。认识的任务，不只是在关于自然世界的科学图景的意义上建构实在，而且是在实践的意义上塑造世界。塑造世界的理性是实践理性。实践理性在康德那里仅仅具有绝对命令的形式，因此仅仅具有颁布抽象的道德律令的意义，而不包含现实的历史内容。对此，黑格尔批评说，康德永远只是拿"应当"来与"现实"对峙，仿佛理性面对现实是软弱无力的，本身不包含实现自身的力量。但是，凡真正现实的东西均是由理性所建构的东西，并不是脱离人的精神而自在存在的东西。从这个观点来看，我们当下所面对的社会实在必定是人类精神在先前阶段中建构的产物，是"应当"的实现，而这个被实现的"应当"并不是毫无具体内容的抽象的道德律，而是历史的真实内容本身。若问这种真实内容来自何处，那么它既不能从关于自然世界的知识形态中去寻找，也不能从超验的神的启示中去获得，只能是来自人类精神对自己的自由本性的理解。这种理解就是知识，是通向绝对知识路途上的一个知识环节。因此，黑格尔大大地扩展了"知识"之含义，使其包括人对自身的理性本质（自由）的省悟。由于这种对自由的省悟是一个精神进展的历程，故而世界历史也就成为一个具有内在必然性的过程。

这样，我们就看到了黑格尔哲学比之康德哲学的巨大优越性。康德哲学的先验原则与"现象—本体"之间的二元分裂原则并行，这样就在限制知识的同时，也把丰富的历史内容排除在哲学认识的范围之外。黑格尔则通过把认识本体化的做法而使得在先验原则的基础上建立思辨的历史哲学成为可能，其积极意义在于形成了关于历史发展的必然性的思想。

但是，读者恐怕会提出这样的问题，为什么历史必然性的思想一定优越于康德的限制知识、推崇人的道德意志之自由的思想？难道历史必然性的观念不会导致个人放弃其自律的责任而将自己的自由决定推诿于历史的必然性？既然理性的知识因其普遍的本性而统摄了一切，那么，哪里还有个人自主地做出决定的空间呢？应该承认，这样的问题是很有意义的，并且早已是许多现代西方的哲学家向黑格尔的历史哲学发难的武器。笔者在这里不可能对此展开讨论。我们在这里的任务只限于指出在德国古典哲学的总的框架之内，黑格尔较之于康德所发生的确实的进步。现在将这一进步简述如下。

黑格尔与康德对于自由的基本理解是一致的，即自由是仅当人类个体只依据理性来决定自己的行为时才存在的。比如，某一个人决定不窃取非属自己的财物，如果他是出于害怕被人发觉而得到小偷的污名这一想法而做如此决定的，那么他就不是自由的。倘若他这样想：我若偷盗，便是确立了偷盗的正当性，故而所有他人也同样可以正当地窃取我的财物，这便等于是我立志要普遍地取消财产权，而这恰好又与我欲谋取对他人财物的财产权相矛盾，我作为理性的存在者不能允许这样的矛盾发生，故而我决定不偷盗。这样形成的决定是出自理性的，因此是真正自由的。黑格尔与康德一样持有这样的自由观。但是，黑格尔进一步认为，这样的自由还仅仅是形式的、抽象的，它只是表明了一个不矛盾性的原则，却仍然没有告诉我们具体应该做什么，也就是说这类形式上的实践推理总有一个非由它自生的出发点，比如在上例中，这个出发点便是"财产所有权是正当的"。如果没有这个出发点，即不承认任何财产所有权的正当性，则某人的偷盗在理性上就不存在自相矛盾，他可以既是自由的道德主体，同时又当小偷。因此，必须从抽象的自由进展到具体的自由，必须说明形式的实践推理所由出发的前提本身如何出自自由意识。这些前提都是人类社会生活中的真实的历史内容。如财产权，就是在自由意识的进展中形成的具体的社会关系。黑格尔在《法哲学原理》一书中就曾经论证了财产权如何以人的自由做基础。黑格尔反对将财产权看作是由个人为了满足物质需要而自然地形成的对物的占有。他认为，个人财产权作为一种社会关系被确立，必须有"自由人格"这一前提。财产权是因其合乎理性才被确立的。它之所以合乎理性，是因为自由人格只有通过对物的占有才能成为直接的现实，从而扬弃它的纯粹主观性："人为了作为理念而存在，必须给它的自由以外部的领域。"①因此，财产权表现为自由意识进展过程中的一个必然结果，而非来自人的满足物质需要的自然私欲。

黑格尔对财产权在自由意识方面的基础的论证，是一个恰当的例子，可以说明黑格尔是如何把社会世界中的一切关系、制度都归源于人的自由本性之省悟的。这样，他就能够超越康德的形式主义伦理学，从而指出作为抽象自由的形式推理所依赖的一切前提都来自人的自我意识的精神。

人对自己的自由本性的省悟不是一蹴而就的，它是一个依从理性的辩证逻辑的必然性而逐步展开的过程。由于社会世界是由人对自由的普遍省悟（黑格尔讲的"普遍精神"）所塑造的，所以，上述自由意识的必然的展开过程同时就是世界历史的必然

---

① ［德］黑格尔：《法哲学原理》，商务印书馆1979年版，第50页。

进程。

如此获得的历史必然性观念，打开了人类反思自身的社会存在及其历史的广阔视野。力图将纷繁复杂的历史现象组织到一个宏大的知识系统中去，无疑是黑格尔对人类思想的重大贡献。

但是，这一贡献同时是以巨大的代价换取的，这代价就是：赋予理性的逻辑以作为绝对行规定者的本体地位，从而贬抑了现实的个人，贬抑了活生生的人类的实践生活的无限丰富的创造因素，并且以"绝对知识"这一逻辑终点给历史画上了句号。这一巨大的代价不可避免地导致了现代哲学对黑格尔主义的普遍反叛，从而开启了西方思想史上的新纪元。

马
克
思

▼

　　马克思（Karl Marx）并不是一位闲散的梦想家，盼望着会像奇迹似的出现一个"新天地"，而是更像《旧约全书》中的先知阿摩司那样，告诉人们为了真正得到自由他们必须做些什么。

——L. J. 宾克莱

从19世纪中叶一直到20世纪的尾声，在差不多一个半世纪的时间里，几乎没有一个西方思想家，在其对于人类生活和世界面貌的影响方面，可以与这样一个人相比拟，这个人就是卡尔·马克思。

对这样一个思想伟人的介绍和评价，不仅在过去和现在，而且在将来，都是一个艰巨的课题，他的学说是同我们人类现在仍未与之告别的生存状态紧相伴随的一种强有力的人类自我批判。其批判所具有的力量，使当代一切人类智慧的代表在向前迈进的努力中，仍然不得不经常地停下来反省一下自己究竟在何种根本的意义上超越了它这种批判。

有的人或许会从科学社会主义的实践事业所遭遇的挫折中产生居高临下地俯视马克思学说的优越感。但是这种优越感至多只能证明有这种感觉的人在幻想中使自己抽离社会历史进程。而最初最明确地指出这一点的，恰恰就是马克思。他在1845年春天写道："社会生活在本质上是实践的。凡是把理论导致神秘主义方面去的神秘的东西，都能在人的实践中以及对这个实践的理解中得到合理的解决。"马克思的全部学说所追求的正是要达到对于当代人类实践的正确的理解，并通过这种理解帮助未来的人类实践趋向于接近人类的自由。一切思想事业的伟大性莫过于此。马克思的思想前辈们都曾不自觉地做出了这种贡献，而马克思则是第一个自觉地来做出这种贡献的人。

一、思想家和战士的一生

　　1818年5月5日，卡尔·马克思生于德国的特利尔。双亲是犹太人。父亲在特利尔当律师，是一个深受启蒙精神影响的有教养的人，对少年和青年时期的马克思产生过巨大的影响。他很早就发现了马克思极高的天赋，对其辉煌的前程充满期望。比较宽裕的经济状况使他能够让马克思在早年受到良好的教育，并让马克思中学毕业后先是进入波恩大学，后入柏林大学读书。他对儿子的殷殷期望与信心都在他与读大学时期的马克思的通信中表露出来。他曾在信中这样写道："你必须做到使人深信，尽管你年轻，但你已经是一个值得世人尊敬并且很快就会使世人折服的堂堂男子。"

　　但是在大学念书的马克思未能让他的父亲对他的信心维持多久。他起初沉溺于对浪漫主义诗歌的爱好之中，他与燕妮之间的爱情更加强了这一点，他写了许多赠给燕妮的爱情诗篇。做父亲的老马克思忧心忡忡地关注着儿子的这种精神状态，他告诫儿子不要让自己沦为一个平庸的诗人。然而，后来，当马克思向父亲承认诗歌对于自己只能是附带的事情而已时，他也未曾如他父亲所愿的那样，一心专注于法学学习这一"本分的事情"，而是对哲学课程投入了极大的热忱。在柏林大学的第二年，马克思开始潜心钻研他一度并不喜欢的黑格尔哲学，并且加入了青年黑格尔派的"博士俱乐部"。他在给父亲的信中倾吐了自己想放弃做一个法学家的打算而投入哲学探索的决心。这给本已忧心忡忡的父亲更添了一份忧虑。爱子心切的父亲希望儿子能在法学的行当上一展才华以赢得能够保证世俗幸福的社会地位，承担起对于燕妮的作为丈夫的责任，而绝不希望他冒险于抽象的哲学王国。但他也没有固执地阻挡儿子去选择自己的生活道路，而是放弃了辩论，怀着不安的心情注视着他在儿子身上早就发现的那个"魔"，他深知，这个"魔"很有可能毁掉儿子一生的幸福。马克思后来一生的道路将证明他父亲的担忧所包含的现实性。

在马克思身上的那个"魔"，就是不屈不挠地追求真理的战士性格。这种性格使他在早年无法向他自己所深爱着的父亲妥协，在以后的人生道路上也无法向来自贫困与各种灾难的压力妥协。

加入了博士俱乐部的马克思很快地就使得青年黑格尔派的其他成员认识到了他的才华。当时他才20岁。比他大9岁的该派领袖人物布鲁诺·鲍威尔看到了年轻的马克思的卓越才智，将他引为自己最好的战斗伙伴，希望他和自己一起去完成从哲学上批判普鲁士封建专制主义的任务，以便为德国开辟自由民主主义的新时代。但是鲍威尔所向往的前景仅仅是哲学上的革命，并且仍然指望国家政权的支持，这是因为他在根本上摆脱不了黑格尔哲学对他的支配。马克思与他不同。马克思虽然在思想上和他一样激进，但对于理论的探究却要求更进一步的彻底性，而不满足于点滴的进步。所以，当正在撰写博士论文的马克思试图彻底研究古希腊晚期的三大自我意识哲学时，鲍威尔感到不耐烦了，一再催促马克思尽快完成论文，赶快了结"无聊的考试"，以便马上着手与他合办一份激进的杂志。

弗·梅林在《马克思传》中这样叙述马克思的治学特点："不知餍足的求知欲迫使他迅速地投身于最困难的问题，而无情的自我批判精神却妨碍他同样迅速地解决这些问题。"应该承认，这样的治学精神也有其不利的一面，即容易使人陷入无止境的自我批判而最终结不出应有的果实。要不是鲍威尔的反复催促，马克思的博士论文的完成可能是遥遥无期的。

但是，严谨的学术精神使马克思在完成论文时超出了青年黑格尔派的哲学境界。他在博士论文中讨论了哲学与世界、自我意识与具体现实之间的关系问题。他虽然同意青年黑格尔派关于自我意识哲学对现实世界所具有的批判功能，以及这种批判会影响历史进程的观点，但是他进一步指出历史进程并非单纯地由批判的精神所决定，如果自我意识仅仅保持着它与周围世界的对立，那么它只是使自己成为抽象整体而无助于世界的合理发展。因此，批判的哲学应当转变为行动的哲学，即必须有那种使哲学重新进入世界的实践。唯有这样的实践才能真正促进历史的发展。这样，马克思就超越了青年黑格尔派，重新抓住了思维与存在的相互作用。当然，此时的马克思所理解的实践，仍然是以自我意识为原动力的实践，因此，他还没有在根本上走出黑格尔哲学的范畴。

1841年4月15日，耶拿大学哲学系根据马克思的博士论文，在他缺席的情况下，授予他博士学位。然而，同年夏天，布鲁诺·鲍威尔在波恩大学被提升为教授的希望落空了，因为他对福音书的批判，各大学的神学教授们团结一致地对他进行攻讦和排斥。这件事对于马克思的直接后果，就是使他不再可能既作为鲍威尔的战友又能取得在波恩大学任教的机会。从此"教授生涯"的前景对于马克思就不复存在了。

完成博士论文之后的马克思不久便成了《莱茵报》的撰稿人。创办于科伦的《莱茵报》在当时虽然差不多是政府的机关报，但由于办报人与青年黑格尔派的密切关系，它成了青年黑格尔派的论坛。马克思在为该报写的第一篇文章发表几个月之后，便被该报的股东们聘请为主编。《莱茵报》自创办起直到被官方查封，一共只存在了15个月的时间。但《莱茵报》时期却构成了马克思一生中一个十分重要的思想转变时期。他在为《莱茵报》工作的这段日子里，用雄辩滔滔的文字投入了当时的政治斗争，以他所信奉的黑格尔哲学中所包含的自由主义精神针锋相对地抨击黑暗的政治现状。但是，他出色的论辩文章的成功仅仅给了他作为政论家的信心，却动摇了他对黑格尔哲学的信念。他为摩塞尔地区贫苦农民的权利进行辩护，同代表地主利益的莱茵省当局展开论战。他在论战中凭借的思想武器是黑格尔关于法律与国家的理性本质的学说。但是，他发现这一武器是如此苍白无力，既不足以说明贫苦农民的悲惨现状的历史根由，亦不足以解释莱茵省政府与议会对这些问题的态度与决议的实际原因。这使他感到深深的苦恼，也引发了他的疑问。他后来回顾说："1842—1843年间，我作为《莱茵报》的主编，第一次遇到要对所谓物质利益发表意见的难事。莱茵省议会关于林木盗窃和地产分析的讨论，当时的莱茵省总督冯·阿培尔先生就摩塞尔农民状况同《莱茵报》展开的官方论战，最后，关于自由贸易和保护关税的辩论，是促使我去研究经济问题的最初动因。"[①]

《莱茵报》的被查封对于正陷入理论困惑中的马克思来说，无疑是一种解脱。他已认清自己不能在普鲁士的书报检查制度的压迫下写作，因此，决定带着他的未婚妻去国外从事研究和著述。他在1843年3月17日向报社辞去了主编的职务。同年6月19日，他与燕妮终成眷属。结婚几个月后，马克思便携妻子来到巴黎，与卢格一起合办《德法年鉴》。

《德法年鉴》一共只出了一期合刊号（1844年2月）便夭折了。然而，就在这一期上，刊出了标志马克思世界观转变的两篇重要文章：《〈黑格尔法哲学批判〉导言》《论犹太人问题》。同时，这一期杂志也使马克思真正认识了后来与他结下终身友谊的恩格斯，后者在杂志上也发表了代表其世界观转变的文章：《政治经济学批判大纲》。这两位终生的战友在差不多同一时候，由革命民主主义转向共产主义，为他们之间的牢不可破的联盟奠定了基础。这无疑是人类思想史上的一段佳话。当然，他们的学说，仍然是以马克思

---

① 《马克思恩格斯全集》第十三卷，人民出版社1962年版，第7页。

命名的，这样的命名确实也是合适的，因为给久已有之的共产主义思想以一个坚实的哲学基础的正是马克思。恩格斯的才华不亚于马克思，而只是在性质上有所不同。他思想的敏锐使他善于迅速地抓住问题的核心，比较容易完成自我批判与进步。而马克思的自我批判却意味着一段十分艰苦的思想探索，他必须在荆棘丛生的哲学道路上一步一步地清算既往的哲学信念，尔后才能达到真正的进步。正是由于这一差别，后来甘居"第二提琴手"的恩格斯起初倒是一个和费尔巴哈一起启发了马克思的人物，就毫不令人奇怪了。

恩格斯比马克思更早地注意到政治经济学研究的重要性。马克思只是在完成了对黑格尔的法哲学和国家学说的重新审视和批判之后，才转向经济学。他曾这样回顾说：

> 为了解决使我苦恼的疑问，我写的第一部著作是对黑格尔法哲学的批判性分析，这部著作的导言曾发表在 1844 年巴黎出版的《德法年鉴》上。我的研究得出这样一个结果：法的关系正像国家的形式一样，既不能从它们本身来理解，也不能从所谓人类精神的一般发展来理解，相反，它们根源于物质的生活关系，这种物质的生活关系的总和，黑格尔按照 18 世纪的英国人和法国人的先例，称之为"市民社会"，而对市民社会的解剖应该到政治经济学中去寻求。①

---

① 《马克思恩格斯全集》第十三卷，人民出版社 1962 年版，第 8 页。

如果说法和政治国家不像黑格尔所称颂的那样是人类普遍的自由精神发展的产物，而是起源于物质的生活关系，那么黑格尔包罗万象的绝对唯心主义体系最终在历史领域中也瓦解了。在此之前，费尔巴哈只是通过对于宗教本质所做的自然主义批判，揭露了黑格尔哲学的唯灵论的谬误，恢复了关于人的自然本性的唯物主义原则，但对黑格尔的历史哲学大厦并无真正的触动。绝对的、理性的实体—主体固然从自然界中被驱逐出去了，但对于说明人类社会生活的历史进程却依然有效，因为费尔巴哈所恢复的唯物主义无法做到不从精神的发展来说明人类历史的发展。现在，马克思通过批判黑格尔的法哲学和国家学说，凸显了"物质的生活关系"这一历史的真正发源地，这样就开辟了一条从根本上克服（用恩格斯的措辞是"炸毁"）整个黑格尔体系的道路。

　　道路虽已开辟，艰巨的工作还在后头。物质的生活关系依然有可能被解释为普遍精神的派生物（如后来的蒲鲁东就是这样做的）。因此，在发表了《德法年鉴》上的文章之后，马克思全身心地投入了对黑格尔哲学的彻底批判之中。在这种批判中，他的独创性的哲学思想逐渐孕育而成。作为政治的、精神的历史之发源地的"物质生活关系"，其本身的起源、演变和发展，如果不再从普遍理性方面去说明，那么应该从何处得到说明呢？这就要求一种新的本体论。这种本体论既不同于旧的直观的唯物主义，也不同于唯心主义，而是能够既包含感性原则又包含活动原则的唯物主义。这就是将历史与自然加以统一的新唯物主义：它不撇开自然去说明历史，也不撇开历史去说明自然；它以人的感性活动（生产劳动）去联系历史与自然，从而为人在劳动中的自我诞生给出真正的本体论证明。

这一切都记录在《1844年经济学哲学手稿》中了。这部手稿是未完成的著作，一直被埋没在灰尘中，直到20世纪30年代才被公之于众。今天的读者通过阅读手稿可以体会到新世界观在孕育过程中所伴生的阵痛，可以看到作者在经济学和哲学两个领域中同时展开的艰难探索。探索是在孤独中进行的。现在使我们可以间接地了解这一过程的唯一留存的材料是卢格（《德法年鉴》的办刊人，当时与马克思一起在巴黎）于1844年5月写给费尔巴哈的信。信中说，马克思读了许多书，并且正在勤奋地写作，但是一无所成；工作总是中断，然后一次又一次地沉没到无边无际的书海里……马克思变得暴躁易怒了，特别是在他累病了和一连工作三四夜不睡觉以后。

然而，这一切艰苦的努力终究得到了报偿。当马克思在1845年春天在布鲁塞尔写下著名的《关于费尔巴哈的提纲》时，新世界观终于成熟。恩格斯是第一个读到记录着这不朽的十一条论纲的笔记的人，他盛赞道："这些笔记作为包含着新世界观的天才萌芽的第一个文件，是非常宝贵的。"

新世界观既已成熟，下一步的工作便是公开清算既往的哲学信仰，这是马克思和恩格斯两人的共同心愿。他们既要清算自己曾经信奉过的黑格尔主义以及曾经参与过的青年黑格尔运动，又要说明他们同曾经从中受到启发的费尔巴哈学说的关系，即要清楚地说明费尔巴哈的全部局限性和缺陷。这一共同心愿是通过他们两人合著的两部著作——《神圣家族》和《德意志意识形态》——而实现的。前者发表了，后者则由于"情况改变，不能付印"，对此马克思后来幽默地写道："既然我们已经达到了我们的主要目的——自己弄清问题，我们就情愿让原稿留给老鼠的牙齿去批判了。"①

倘若《德意志意识形态》能在当时发表，马克思主义哲学的公开问世便会提前一些。不过，不久之后马克思便找到了公开阐述他们新见解的机会，那就是为了同蒲鲁东论战而出版了《哲学的贫困》一书。按照马克思自己的说法，"我们的见解中有决定意义的论点，在我的1847年出版的为反对蒲鲁东而写的著作《哲学的贫困》中第一次做了科学的、虽然只是论战性的表述"②。

接着应该提到的宣布新世界观的另一部著作就是发表于1848年的《共产党宣言》。《共产党宣言》的发表是公认的划时代的事件。这部著作是马克思和恩格斯两人受德国的共产主义者同盟的委托而写的，是作为该工人团体的纲领而发表的。但是，这部作为纲领的文件却是一部简短精悍的理论著作。按照弗·梅林的说法，它像"一面极小的而又一尘不染的明镜"，"反映了作者们的新的世界观"。而恩格斯在起草《共产党宣言》时所提出的要求则表现出

---

① 《马克思恩格斯全集》第十三卷，人民出版社1962年版，第10页。
② 同上。

了这两位思想家更高的境界。他认为，把共产主义作为一个世界历史现象表现出来的宣言，按照希腊历史学家的定义，应当是一部永垂不朽的作品，而不是一本供浏览的论战性的小册子。确实，《共产党宣言》最后完成了的面貌使它所要表达的思想获得了一种与之相称的不朽的形式，它恢宏的气势、古典的风格、雄辩的词句，使它宛如一座巨大的思想丰碑。

新世界观的公开阐述，以及它对工人阶级逐渐形成的强大影响并不能使马克思心满意足。他胸中还有更大的理论抱负：应该让新的世界观按其本性结出真正的科学果实，应该以科学的形式论证共产主义乃一种现实的历史运动。共产主义的哲学基础是历史唯物主义，而历史唯物主义作为对唯心主义的切中要害的反驳，必须在一门历史科学中得到证明。这门历史科学就是"政治经济学批判"。马克思坚信他对政治经济学的研究将能够说明物质的生活关系（生产方式）如何依照自身的自然历史进程而决定社会形态的必然演变，从而无须借助在物质生产过程以外的精神实体来展示历史发展的必然性。相反地，人类的精神发展正是通过物质生产的必然演变才获得其必然性的外观的。

这一宏大的理论抱负耗尽了马克思后半生的心血。他想以一部关于资本主义的巨著来彻底探讨资本主义的生产方式，以便为人类文明的这一晚近的形式揭示出其内在的规律，指出其诞生、成熟、衰落以及死亡的必然过程。以马克思所具有的天赋与才智以及他已达到的思想水平而言，他在后半生要实现这一抱负不是十分困难的。然而，《资本论》这部计划中的三卷本著作在他生前只完成和出版了第一卷。妨碍他实现宏愿的因素主要有两个方面。第一方面因素是他无情的自我批判精神和无比的认真态度。每一次更进一步的探讨总会驱使他重新更深入地思考理论基点和体系框架，以致一次又一次地推翻先前的构思，让一切又从头做起。在他有可能完整地写出《资本论》第一卷之前，其准备性草稿已达到了浩瀚的程度。对于这种苛刻到惊人程度的自我批判态度，甚至连最能理解他的恩格斯也终于感到不耐烦起来，他一次又一次地劝告自己的友人："对你自己的著作哪怕就马虎一次也好。对于那些糟糕的读者来说，它已经是太好了。重要的是把这部东西写成并出版；你自己所看到的那些缺点，蠢材们是不会发现的。"①然而，友人的一再忠告对于马克思并未产生任何作用。他一如既往地为《资本论》的宏大而又深入细节的构思而绞尽脑汁。

妨碍马克思完成宏愿的第二方面因素是他几近赤贫的经济状况。马克思一生都未曾赢得过体面的物质生活。在相当长的时期内，他每天要留出时间为《纽约每日论坛报》撰写文章以便取得一些微薄的稿酬以应付家庭的日常开支。他和他坚强的妻子长年累月地在贫困的处境中挣扎，面对一群必须抚养的孩子，他不得不经常光顾当铺以换取购买面包的钱。在构思和写作《资本论》的漫长岁月中，若没有恩格斯无私的经济援助，马克思的智力劳动是绝不可

---

① ［德］弗·梅林：《马克思传》上，人民出版社1965年版，第303页。

能继续下去的。恩格斯牺牲了自己专心从事学术的心愿，留在父亲的公司里干那些"该死的商务"，为的正是保证能够将几十有时甚至是上百英镑的汇票源源不断地寄给在伦敦的马克思。马克思有一次在给恩格斯的信中以一种不无痛苦的幽默说道："恐怕没有什么人曾在这样缺钱的情况下写作关于'金钱'的著作了！在这个问题上写作过的大部分作者，同他们的研究对象的关系都是极好的。"①

这就是一个为人类贡献了杰出才智的伟人在人世间所遭遇到的命运。弗·梅林在其《马克思传》中感慨万分地写道：

> 在19世纪的天才人物当中，没有一个人曾经经受过比一切天才中最伟大的天才——卡尔·马克思——所经受的更痛苦的命运了。……当他通过不倦的努力在年富力强之际取得了最高成就的时候，他却遇到了真正的普罗米修斯式的命运，而成年地、成十年地为日常生活需要所缠绕，为一块必不可少的面包而操心苦恼。一直到逝世，他都没有能够在资产阶级社会中为自己争取到一个哪怕是勉强过得去的生活。

《资本论》第一卷于1867年9月14日在汉堡出版。其第二卷和第三卷都是在马克思逝世后由恩格斯从大量的遗稿中进行整理后出版的。

---

① ［德］弗·梅林：《马克思传》上，人民出版社1965年版，第335页。

1883年3月14日，在经历了妻子和长女去世所给予的致命打击之后，疾病缠身的马克思也溘然长逝了。

3月17日，恩格斯在马克思的简朴的葬礼上用英语向他的亡友念了那篇著名的告别词——《在马克思墓前的讲话》，他以简短有力的语言断言，马克思的思想和学说对人类将具有永远的意义。

二、历史唯物主义与共产主义

人们向来把马克思的学说分为三个组成部分：哲学、政治经济学和科学社会主义。这样的分法自有其道理。然而，就其内在本质而言，这"三大块"原是一块。马克思的学说是一个整体。就连作为政治经济学批判的《资本论》，也同样可以看作一本重要的哲学著作，历史唯物主义的哲学思想是这本书的真正主题，它所揭示的资本主义生产方式的运动规律是这种哲学思想的一个经验的证实，而它要论证的资本主义的必然灭亡和共产主义的必然诞生，则原来就是历史唯物主义的哲学洞见。

因此，我们在这篇简短的介绍文字中力图说明历史唯物主义在何种意义上完成了一场哲学上的革命，并在何种意义上将共产主义看作人类历史的内在秘密。

关于人类历史是一个逐渐地向自由进展的过程的观念，已由黑格尔以先验而又辩证的唯心主义方式表述出来了。黑格尔的巨大功绩在于通过将历史运动纳入辩证逻辑的框架，从而论证了关于历史进步的必然性的思想。历史不是一连串的偶然事件的堆积，而是依照普遍理性的法则向着一个既定目标演进的过程，这个目标是人和自然的统一、个体与类的统一，是具体自由的真正实现。这种思想提出了关于历史进程的客观必然性的观念，从而使盛行于18世纪、19世纪的进化论乐观主义获得了哲学的基础。人类可以相信，只要遵从理性，尘世的完善和进步就是无限的。

但是，黑格尔主义所依凭的普遍理性是一种脱离现实的、活生生的个人的神秘力量，它终究和上帝没有根本的区别。现实个人的热情、意志和实践的力量成了普遍理性在自己的逻辑展开中所使用的工具。这样就把全部活生生的人类现实生活的生成过程看作一场由理性的逻辑在背后操纵的木偶剧。这种对理性的极端崇拜走向了自己的反面，成了一种不可理喻的唯灵主义的迷信。把脱离现实个人的"精神"实体化和主体化，就是这种迷信的全部谬误。

马克思对黑格尔主义的批判就从这里入手。

批判的结果是什么？是重新合理地看待理性本身，从而重新发现那使历史有别于自在的、与人无关的自然过程的根本因素。

这个根本因素存在于使人与动物真正区别开来的人的特有的生命活动之中。这种生命活动就是劳动。人对于自然的主体性的根源恰恰在于人独特的生命活动方式。

生命活动必定是对象性的活动。作为肉体存在的人类站在坚实的大地上，呼吸着空气，沐浴着阳光，拥有着他赖以生存的自然物，这一切是他的生命活动的对象。这些对象的存在绝不是理性实体——精神——的外化，因此根本无须通过辩证逻辑的中介才得到自身存在的证明。人的生命活动具有终极的真实性：它就是在它之外的对象的存在，而在它之外的对象的存在也就是它自身作为对象性的存在。

这样，绝对理性的全部神秘性，就在人的生命活动的对象性面前破产了。

但是，仅仅承认对象性原则的唯物主义仍然是旧的、直观的唯物主义。对于克服旧唯物主义来说，必须向唯心主义学习，即汲取由唯心主义所发挥出来的活动的原则。这一步仍然是从正确地理解人的生命活动入手的。

人的生命活动和其他生物物种的生命活动不同的地方在于，人不是简单地依从由大自然安排好的本能去获取自然所赐予的滋养生命的材料，而是有意识地展开自己的生命活动。所谓"有意识地"，是指进行生命活动的人同时能够将自己的生命活动当作自己的对象。这一区别具有根本的意义。遵从本能行事的动物，其生命活动本身只是自然的一部分。人则在展开生命活动的同时，使自己与自然区别开来，所以，能够把自己的生命活动当作对象看待的人，就不仅仅是自然的存在物，而且是人的存在物，即能够使整个自然界成为自己的对象。

至此，我们所叙述的这一切正是对于人类劳动之本质的一个方面的揭示，它说明了人类劳动与动物的谋生活动的区别，说明了人类何以通过制造和使用工具把自己同动物区别开来：只有将自己的生命活动作为对象，才有可能去制造和使用工具。

制造和使用工具去谋取生活资料的生命活动，就是人类的生产劳动。人的生产劳动不是自然本身的物质变换过程，而是人与自然的关系，是人对自然之自在的存在方式的改变。这样，人对自然的主体性才得到证实，于是，与自然界的过程本身有别的历史才开始了。"一切人类生存的第一个前提也就是一切历史的第一个前提"，它就是生产劳动。

现在，我们就应该谈一下人类劳动之本质的第二个方面了。生物物种的生命活动方式就是该物种的类特性，人既然将自己的生命活动当作对象，那么他就是将自己的类特性作为自己的对象。将自己的类特性作为自己对象的存在物，是类的存在物。人是类的存在物——这个命题在本质上包含了人与人的交往。工具的制造和使用，如果不是作为某一个体的偶然发明而随时消失的话，那么，它就是只有在个体与个体间的交往中才可能成为类活动的。这就是生产劳动的社会本质。人的生命活动是只有在人与人的交往中才可能成为人的活动的。单个的人向自然界索取生活资料的活动，还不是劳动，而只能看作一种自然现象。固然，人类劳动的终极承担者总是个体，但是，每一个体的劳动必定具有类的意义，因为，一方面，他之所以可能摆脱本能活动的狭隘范围，是因为他本身作为类存在物，能够将整个自然界当作对象；另一方面，他只有在与他人的交往中才可能习得并传递每一种支配自然的能动性。

人类生产劳动的社会本质意味着，人若与自然发生人的关系（劳动），其中就必定包含人与人之间的关系，而人与人之间的关系，就是单个人与自身的人类本质的关系。从这一简单而又深刻的原理当中便产生了历史唯物主义的伟大洞见：人之所以成为社会的存在，乃由于劳动；劳动不仅是人与自然的能动关系，而且是人与人之间的能动关系，同时也就是单个人与自己的类本质的能动关系；把人与人联系起来的，不是人的共同的自然属性，而是人的生命活动的类方式。这种类方式在改变自然的同时创设了人的社会存在，创设了社会关系。"由此可见，一开始就表明了人们之间是有物质联系的。这种联系是由需要和生产方式决定的，它的历史和人的历史一样长久；这种联系不断采取新的形式，因而就呈现出'历史'，它完全不需要似乎还把人们联合起来的任何政治的或宗教的呓语存在。"（《德意志意识形态》）

在人们有可能结成政治关系和精神关系（如宗教）之前，人们已经在物质生产中结成了"物质联系"（生产关系）；在政治史和精神史之前是物质生产的历史，后者是人的历史的真正开端。

为了进一步说明历史唯物主义的伟大洞见，我们还可以引用马克思的下述一段话：

> 人们之所以有历史，是因为他们必须生产自己的生活，而且是用一定的方式来进行的。（《德意志意识形态》）

动物并不生产自己的生活，它们的生活是由自然界所设定的，人则必须把自己的生活作为对象来生产。人之生产自己的物质生活，不仅具有那种服从自然必然性的谋生的意义，而且具有塑造自身为社会存在的意义。由于人生产自己的生活是以"一定的"方式进行的，因此，一定的生产方式便决定了人与人之间的联系的特定的性质。随着生产方式的不断改变，人的社会存在就不断采取新的形式，这就构成了历史。

这是马克思在克服了黑格尔主义以后为历史的基础给出的全新的解释，这种解释的真实意义在于否定了普遍精神性作为历史创造者的身份，也否定了将历史看作自然界的过程在人的活动中延伸的观念，第一次将从事劳动的现实的个人规定为历史的主体。这种关于历史的主体的新见解乃历史唯物主义大厦的真正的基石：人类赖以生存和发展的一切客观条件（包括自然的和社会的条件，在社会条件中包括生产力、生产关系、政治的和精神的社会关系）都是人通过物质生产的劳动创造出来的。在本体论上把所有这些客观条件中的任何一项抬高为历史世界的终极规定者，都是错误的。

在明确阐述了历史唯物主义的哲学洞见之后，我们就能够在哲学的高度上理解历史唯物主义与共产主义的本质的一致性。

既然人类生存的一切条件都是人在劳动中创造的，既然人的劳动只有在一定的社会关系中才有可能，那么，物质生产的每一个进步，即人对自然的主体性的每一步提高，都同时改变着人与人的关系，即改变着社会世界；反过来，如果没有人与人关系的相应改变，人对自然的主体性提高就无法实现。人对自然的主体性，即人对自然的自由，并不是单个人所实现的自由；按照人的社会本性，即按照人是类存在物这一原理而言，它乃类的自由，是个人与个人之间的类的联系，是从事物质生产的个人在交往中的彼此创造。这种分析导致这样的结论：人对自然的自由应该同时是社会自由的实现。

然而，现实的历史却呈现相反的情形。迄今为止，有文字记载的历史都表明，人对自然的改造所取得的每一个进步都是在一定的社会对抗的形式中实现的。奴隶制是一种社会对抗的形式，但是在这种形式中人类却创造了灿烂的古代文明；封建制也是一种社会对抗形式，但它却为近代工业文明准备好了发达的手工业和农业；资本主义制度是异化劳动的极端形式（它把全部人口划分为两极：资本家和雇佣劳动者），但是它却促进了物质生产力的空前发展，提供了前所未有的物质财富。这一切都需要得到说明。

马克思的说明方法是，从自发的分工作为物质生产在突破其原始劳动的狭隘性时所必然采取的社会形式这一点来论证私有制的历史必然性。自发分工的必要性在于，直接生产生活资料的劳动与生产生产工具的劳动在不同人群之间的分工，是使生产力走出其原始阶段的最初条件。然而这一步恰恰要求私有制。生产工具的生产者必须同生活资料的生产者交换产品，而交换的前提是占有。所以，马克思说："分工和私有制是两个同义语，讲的是同一件事情，一个是就活动而言，另一个是就活动的产品而言。"①自发分工扩大了社会生产力，但是个人同时受到了分工的制约，他不可能把由分工所扩大了的社会生产力看作他自己的力量，而是发现自己只有保持为私有者才有可能利用被扩大的生产力。因此，被扩大的生产力"在这些个人看来就不是他们自身联合的力量，而是某种异己的、在他们之外的权力"。

这就是私有制的历史起源和它的历史必然性。从此，人类的物质生产力便开始成为与个人相对立的异己的社会力量，开始"经历着一系列独特的不仅不以人们的意志和行为为转移，反而支配着人们的意志和行为的发展阶段"。这些阶段包括部落占有形式中的生产力、城邦占有形式中的生产力、封建等级占有形式中的生产力、资本家阶级占有形式中的生产力。

类的力量的私人占有形式、通过这种形式而产生的对他人劳动力的支配权，以及由对他人劳动力的支配而完成的劳动的异化（劳动本是作为类存在物的个人的自由自觉的活动，现在却成了生产出他人对劳动者的支配权的被迫的谋生活动），这一切就其本质而言正是个体与类的分裂和冲突。而个体与类的分裂和冲突，在现实的社会生活中，就是人与人之间的社会对抗。

这样，马克思的历史唯物主义就从人类物质生产的必然发展方面说明迄今为止的一切历史冲突和社会对抗并非人类理性的一时

---

① 《马克思恩格斯全集》第三卷，人民出版社 1960 年版，第 37 页。

迷误，而是生产力作为一种异化了的社会力量为自己开辟道路的方式。

这种说明历史的方法，并不假借任何超历史的神秘实体，因而，它所指出的历史必然性，不是得自对实体进行思辨的逻辑的必然性，而是得自人类按其生命活动的类特性而创造与发展自身社会生活的现实实践的必然性。

但是，在此必须指出的一点是，这种说明历史的方法虽然导向真正的历史科学，却并非导向经验主义。它虽然客观地描述人类实践的经验过程，却仍然以对人及其生命活动的哲学理解去说明历史实践的内在意义。它所使用的个体与类的关系的概念，它对生产劳动异化性质的确定，以及对于人与人之间的异化关系的分析，都不是单纯地通过对历史的经验观察所获得的。单纯的经验观察无法告诉我们，为什么人类不在某一种生产的社会形式中永久地停留下来。假如这种社会形式并不包含个体与类的冲突，假如不是那种人作为类存在物的自由本性不断地要求着解决个体与类的矛盾，或者更彻底地说，假如人不是真正的社会存在，不是必须在个人之间的彼此创造中赢得对于自然的自由，人就会永远安于动物式的谋生欲望之满足，而一个属人的文化价值世界便是不可能的。

因此，历史展开的经验外观毕竟仍要从历史的内在意义上去理解。历史的意义不在历史之外。历史是人的历史，历史的意义来自人的生命活动的根本性质，而这种性质是历史唯物主义所揭示的，它就是"人必须生产自己的生活"。人在生产自己的物质生活的同时，生产出人与人的关系，生产出社会世界，生产出作为人的人。人作为自然存在物，固然是自然界长期发展的产物，但作为属人的存在物，却是人自身的历史的产物。人在物质生产的发展中逐渐地摆脱动物界，逐渐地以他所创造的一种又一种社会形式去赢得对于自然的自由，这就是人的自我诞生和自我创造，它构成了历史的内在意义。马克思所谓"历史是人的真正的自然史"，即是在这个意义上说的。

于是，迄今为止的历史虽然总是以一种社会对抗形式来代替另一种社会对抗形式，但每一次社会形态的变更都保存了生产力发展的成果，并为新的发展开辟道路，也就是说推动了类的力量的积累与发展，这就是在历史中实现的真正进步。人类个体在这种进步中愈益社会化，即愈益依赖于类的力量。尽管类的力量的发展迄今为止一直是以牺牲个体为代价的，但这却是人在自我诞生的过程中必须付出的代价，这就是私有制和异化劳动的不可避免性。

但是，当私有制发展到资本主义形式时，它所促进的庞大的社会生产力终将超出私有制所能驾驭的范围，这时，私有制的丧钟也就敲响了，因为，它把它自己与人的类本质、类自由之间的冲突的秘密呈示为赤裸裸的经验事实，它造就了一无所有的无产阶级，在这个阶级身上展示了个体与类之间的彻底的异化关系。到了这个时候，解决人的存在与本质、个体与类的矛盾的任务便成了现实的实践课题。这个实践就是消灭私有制的共产主义革命。

所以，共产主义不是某种应当实现的道德的理想目标，而是人类的现实历史作为人的自我诞生史的内在意义本身。现实历史所呈现的社会形态（占有生产力的社会形式）的变革，就其终极意义而言，只是使共产主义——人的社会自由的真正实现——成为经验存在的准备过程。

由此可见，历史唯物主义与马克思的共产主义学说是合而为一的。历史唯物主义关于人及其历史的哲学洞见，在本质上包含了共产主义的结论，是对人类自有私有制起就一再提出的共产主义理想所做的迄今为止最强有力的哲学论证。

马克思的学说，就其坚持从现实实践的发展去理解历史的内在意义这一点而言，并不结束真理的发展过程，不像黑格尔的哲学那样宣布自己达到了绝对知识。黑格尔将真理理解为普遍理性的自我认识过程，而马克思则把真理理解为人在历史实践中的自我创造过程。这一差别是马克思真正战胜绝对唯心主义的地方，是使马克思成为一个不朽的思想家的基本因素。

尼
采

▼

　　尼采（Friedrich Wilhelm Nietzsche）的命运在人类认识自己的历史努力中，是个伟大的插曲之一。在他之后，人的问题再也不能完全回复到它的前尼采水平了。

——威廉·巴雷特

大自然一再用一种无法解开的神秘性向人类历史提供天才人物，这类人物以一种奇异的性格伴随其高度的智力，向其余的人类个体发表其惊世骇俗的言论，或做出匪夷所思的壮举，从而给人类历史留下了永恒的印记。就思想领域而言，在一系列这样的奇异天才中，最为怪诞不经而又最能震撼人心的人物是弗里德里希·尼采（1844—1900）。这个因痛恨德国人而一直坚持认为自己是波兰贵族后裔的德国人，在其神志清醒之时，是全欧洲最孤独的人。他以一部又一部孕育于心灵的痛苦与欢乐的交会之中的著作，向志满意得的欧洲文化公然挑战，斥骂资产阶级社会中的那些"文化庸人"，无情地揭示现代西方文明的虚弱本质，宣扬一种贵族主义式的"超人"观念，号召人类中的少数天才人物为拯救失去上帝庇护的人类生活而弘扬自己的"力量意志"（旧译"权力意志"），以对抗整个盛行民主主义观念的时代潮流。凡此种种，都让他给他的同时代人留下了一个奇才怪杰的形象。当时，几乎全欧洲的文化界都情愿只将他视作一个危言耸听、蛊惑人心的叛逆者，把他冷落一旁，以沉默来表示轻蔑。然而，在他死后不久，他的著作却被译成了各种文字，传遍了整个世界，他获得了他自认为早就应该获得的世界性荣誉（比如，甚至在20世纪初的中国，他的名字也已为人所知，他的思想甚至曾经得到了鲁迅的共鸣）。

　　尼采的遭遇所完成的如此一个一百八十度的大转弯究属何因？从他那个包含着心理病症的天才头脑中所迸发出来的种种"奇思异想"，对于人类究竟有何种意义？这些问题，只有在经过了一段时间之后，在人们终于不得不面对他们一直有意无意地试图回避的精神危机之后，才可能得到较为合适的解答。今天，西方思想界几乎一致地坦率承认，尼采所说的一切并不完全是疯话，他在某种程度上以惊人的准确性预言了我们这个时代终于显露出来的文化病症。他被公认为存在主义运动的先驱之一，他也是一个在哲学上启发了以弗洛伊德、阿德勒等人的名字而闻名于世的精神分析学说的思想家。他的思想奋斗及其悲剧式的命运本身也已被看作人类在当代工业文明和机械化的社会生活中所面对的精神困境的一个象征。

所以，在讨论当代西方哲学的主题时，我们不得不讨论尼采。而对于讨论尼采来说，真正重要的不是去反对他的种种不可理喻的结论，而是去发现在他的思想所由产生的西方精神传统中所包含的根本问题。

一、一个被视为疯子的思想家

如果撇开其暴风骤雨般向前推进的思想历程不说，尼采的生平可说是极为简单，没有多少可以激动人心的外在事件。他一共只活了五十六年，在最后的十一年半的时间里，他是精神病患者，生如同死，所以，对他具有意义的生命其实只延续了四十多年。然而他是一个早熟的天才，在念大学的时候他就表现出了在古典语言研究方面的惊人才华，这种才华甚至使他的导师对他产生了敬畏之心，后者以充满感叹的语言为他写了推荐信，将他推荐给瑞士的巴塞尔大学。该大学在他尚未取得博士学位时，即授予他古典语言学教授的职称，这时他才24岁。以这样的年龄任教授在德国学术界是前所未有的。不久之后，德国的莱比锡大学又在他未经任何考试，甚至未提交学位论文的情况下，授予他博士学位。

可是，他往后的生活经历证明，他并不是一个命运的宠儿。遗传赋予他一个天才的头脑，却没有给他一个强健的体魄。他天生体质孱弱，患有神经性胃痛以及顽固的习惯性头痛，后者在最严重的时候，使他在一年之中竟有二百多天不能正常工作。他的健康快速恶化，致使他在任教十年后不得不辞掉教职。从此他成为一个漂泊者，一方面同恶魔般的疾病战斗，另一方面则同有千年之久的文化传统作战。这种传统原是他赖以生活的精神家园，因此，这后一种战斗，严格说来乃一种与自我的战斗。他的视力本来就差，到了后期，则发展到使他不能读书的程度。然后他却为这种近乎失明的状况感到庆幸，因为按照他的说法，他可以从此不读种种充满谎言和欺诈的书籍了，从而专心研读他自己，以便复活那不曾被传统文化污染过的充满力量意志的自然人。不过，他终究未能实现他的理想。他燃起一把火焰，企图烧毁以基督教精神为根基的欧洲传统文化，以便尔后在烈火的余烬中完成超人式的文化英雄的凤凰涅槃——他认为自己就是这一只凤凰。但就在他有可能再生之前，他已被他试图克服的文化精神的内在冲突撕裂成碎片：他精神失常了，从此从欧洲文化舞台上消失。这一年他45岁。往后的生命虽然又延续了十一年半，但这只意味着一段漫长的精神黑夜。

尼采短暂的一生所遭遇的生理上的和心理上的厄运，曾经被极力反对他的人拿来作为证明他的思想学说根本荒谬的一个理由：一个不健全的疯子的学说只能是其个人心理病症的一种反映而已，无须认真对待。然而，西方现代思想史所陈列出来的事实本身却反驳着这种说法。在尼采后面有一大串思想家的名字，这些得到公认的杰出人物都坦率地承认他们在尼采著作中发现了最深刻的思想和最威胁人心的难题。而这些被尼采首次表述出来的思想和难题本身确确实实构成了现代西方人所终于体会到了的精神状况。仅凭这一点，我们几乎就可以大胆地（虽然有些残忍地）说，尼采的精神病症，对于使欧洲传统文化有可能得到最强有力的自我批判来说，是一桩幸事！

关于这桩幸事，美国当代哲学家威廉·巴雷特的表述也许是最为精当的：

> 尼采的命运是以一种特别个人的和致命的形式体验人的问题。……他的作品从他死后就一直在分裂、震惊和困惑着读者；在他死后很不走运的时刻，他的名声又为纳粹党徒的尼采崇拜所玷污。尽管如此，这个祭品并没有白白地死去；他的牺牲对于他同类的其他成员来说，只要他们肯向他学习，是可以成为巨大教训的。尼采的命运在人类认识自己的历史努力中，是个伟大的插曲之一。在他之后，人的问题再也不能完全回复到它的前尼采水平了。[1]

巴雷特在此将尼采的命运置入人类的自我认识的历史过程中，其理由何在？这只有通过对尼采思想的当代阐释，才可得到说明。我们试图以下面的文字尽可能简要地说明这一点。

---

[1] ［美］威廉·巴雷特：《非理性的人——存在主义哲学研究》，上海译文出版社1992年版，第187、189页。

二、"上帝死了"

　　尼采的思想是从叔本华的哲学起步的。他在青年时期读到了叔本华的著作，立刻被它紧紧地吸引住了。他自己曾这样说，当他翻开叔本华著作的第一页时，便立刻意识到他将逐页地读完这位作者的全部作品，认真领会其中的每一个词，甚至对那些可能是错误的内容也不例外。他认为一个青年若要获得自己独立的人格，必须找到自己的导师。叔本华对于他，就是这样的一位导师。叔本华为什么会得到他如此的尊重呢？他解释说，叔本华具有一种非常难得的高贵的诚实感，他的思想既深刻又前后一贯，尽管遭到那么多的非议和排斥，却仍然毫不妥协，把对真理的追求当成一颗诚实的心为自己所做的思考。这一点深深地打动了尼采，与后者的独立性格非常契合。

　　叔本华的哲学是从康德出发的，他也把世界分为本体界和现象界。但是，他没有在这两个世界之间设下不可逾越的鸿沟，而是认为现象界乃是由意志派生而成的，意志是作为本体的真正的实在，它在为自己开辟道路时便客观化为世界之表象。比如，我的身体及各个器官，看上去是一种客观的存在物，但其实正是我的生存意志的表现。这样，叔本华便以一种意志一元论的思想改造了康德学说：现象界之所以可能向我们呈示，并不是人的先天认识能力使然。相反地，认识能力是生存意志为了实现自己所使用的一种工具。更根本的东西，不是认识，而是意志。这在西方思想史上第一次以纯粹的形式（虽然此前已有过类似的思想）废除了认识—理性的形而上地位，而赋予一向被理性推在一边的原始本能—意志以形而上地位。

然而，尽管叔本华的生存意志哲学极大地启发了尼采，却也很快地使他感到不满足。原因在于：（1）叔本华未能从意志本体论出发彻底解决一向由理性主义独占其解释权的伦理问题；（2）叔本华的生存意志哲学所得出的结论是一种彻底的悲观主义，是一种否定生活的虚无主义思想。

先看第一点。叔本华虽然以意志为本体，为终极的实在，但同时却认为意志是邪恶的，只能因其永无止境的欲望而带来无穷无尽的苦难。尼采立刻发现，这种说法是在意志之外仍然设定了一种绝对的伦理，或者说设定了一种绝对的善，从而使意志从属于另一种绝对者的评判。在尼采看来，意志既为终极的东西，它便超越善与恶，后者只是现象。善与恶之所以长久以来僭居形而上学的宝座，正是由于理性主义统治了本体论领域。而叔本华在生存意志之外另设绝对的伦理，则代表了对于理性主义的隐秘让步。所以，要彻底战胜理性本体论，就必须以意志哲学来揭穿一切伦理道德的现象性（或虚假性）。

再看第二点。由于设立了绝对的伦理，设立了生存意志的对立面——无欲无求的至福、至善，叔本华竟最终否定了意志，并否定了生活，从而引出了知命忍从的禁欲主义结论。尼采不能忍受这种悲观主义的结论。在他看来，这种结论恰好也是整个西方理性的精神传统所具有的最坏的一个结果，它与戕害生命的基督教精神相一致，而后者正是他要向其发起猛烈进攻的对象。

平心而论，尼采对叔本华的批判和超越，确实表明他比叔本华更为敏锐、更为深刻地抓到了西方精神传统自苏格拉底时期起即已潜伏着的病根——灵与肉、理性与生命的分裂与对立。坚执抽象的灵与理性，贬抑肉体、贬抑生命，视后者为邪恶苦难之渊薮——西方正是在这个基础上逐渐形成了延续千年之久的强大的道德价值体系。这个价值体系最终以上帝这一至善、全能的神为其最后保证。然而，上帝从来没有使西方人真正得救，他只是让匍匐在他脚下的芸芸众生，一方面不得不为生活而奋斗，另一方面却把这一切奋斗视为原罪。这种价值体系保持着理性与生命的分裂，用虚伪的道德掩盖生命的退化。

因此，现在第一个必须加以批判的对象就是基督教的道德。

西方思想史上，在尼采之前，已有许多自由主义的启蒙思想家猛烈地抨击过基督教，有的人甚至达到了否定上帝的无神论的结论。但是，他们的批判，都与尼采的批判有着根本的差别。他们的出发点，总的来说，是理性主义的。他们用理性来对抗信仰，他们要取消的是不能用理性来论证的人格神的存在，而代之以理性本身的绝对权威。作为绝对权威的理性，代替上帝而面对着一个无神的、非灵化的物质世界，并与之对立，将后者看成理性应对之改造的对象。这个结果，仍然是贬抑生命，贬抑非理性的意志，并且在作为对象的物质世界中也取消了生命；同时，它也仍然保留了一个超验的、彼岸的世界，在这个世界中现在居住的不是神，而是理性、精神或绝对理念（如黑格尔）。这个超验的理性世界仍然像上帝一样监护着人类这一孩童，仍然用伪善的道德（这道德现在依据的是理性）撒下弥天大谎来掩盖生命斗争的真相。

尼采从非理性主义的意志哲学出发来批判基督教。他的批判是从分析基督教的禁欲主义理想的起源入手的。基督教禁欲主义的基础是原罪说。西方人是怎么会接受关于人类犯有原罪这样一种观念的呢？尼采为此提供了一种非常独到的解释。

原罪的观念是人类负疚感的一个发展结果。按照尼采的说法，负疚感就其最原始的形式来说，乃一种负债意识。人是唯一一种能够做出并信守诺言的动物（尼采于此看到人的高贵性）。因此，一旦违背诺言、欠下债务，债权人就拥有将自己的意志加诸债务人的权力（有时甚至包括对后者的自由、女人乃至生命的权力）。这在一方面张扬了、扩大了债权人的力量意志；另一方面则抑制了债务人的力量意志。这种债权关系并不只限于两个个人之间，它更一般地出现在社会与个人之间。由于个人不得不在社会中生活，而社会意味着一整套不可侵犯的规则，所以，个人一旦发现自己被永远监禁在一个不可侵犯的社会中，他的内心便发生了一种深刻的病理状态：他本应得到鼓励的强健、野性的本能，他的冒险、扩张、对权力的贪欲，突然被当成了危险的东西，失去一切价值，成了被否定、被禁止的东西；所有这些本能向外发泄的渠道被堵塞了，它们只能向内，向自我发泄，把敌意、残忍、狂暴加诸自己的心灵。这种病理状态就是人类的负疚感，它是一种自我责备、自我攻击的倾向。（我们后来知道，著名的精神分析学家阿德勒正是从这一思想获得了灵感的。）

不仅社会规则给个人以负疚感，而且历史、祖先、国家也使个人承担了债务，对于这三者，人们总是害怕自己偿付得不够，因此负疚感便愈益加深。当基督教将上帝确定为宇宙的主人时，人们对神的负疚感（或曰犯罪意识）便达到了顶峰。人们终于认定，他们由于自己是凡人，由于自己作为凡人所过的包含本能之邪恶的现世生活而对上帝欠下的债务是永远无法还清的，因此，他们便将自己的深重罪恶全部倾泻在一个人身上，这个人就是人类种族的创立者亚当。亚当的罪恶即人类的原罪。

但这种原罪说，在尼采看来，终究只是一种自相矛盾的应急理论。它未能解除人类的负疚感，而是认定每个人是生而有罪的。它使全人类成为上帝的精神奴隶，在这群奴隶之间建立了平等。但平等并不能消除罪恶，而只是将罪恶平均分配。于是，地球这个行星便成了遍地罪恶的场所。在大地上的生活，它的全部美好欢乐的东西，如同它的全部苦难一样，统统是邪恶的，因为它们都同上帝的神性相对立，都是人类原罪的展开。因此，人们便同时承认了一个摆脱这罪恶世界的永恒的去处——天国的至福或地狱中的永罚。生活本身成了被厌恶的对象。但厌恶生活的人，仍要生活下去。否定力量意志的人，仍要施展自己的力量意志。怎么办？出路只有一条：奉行禁欲主义和苦行主义。

这样，尼采也就为基督教的禁欲主义找到了一种非理性主义的解释：禁欲主义本身也正是力量意志不可抗拒的一种表现，尽管是一种极端自相矛盾的表现。它的自相矛盾正是在于，它是为了生活而反对生活。厌恶生活的人们，将愤怒泄向自身，通过自我摧残而实现力量意志。整个基督教的巨大秘密尽藏于此。这种宗教设法给人类生活中原无意义的苦难创造出一种意义（苦难源于罪恶），但它本身却是一种带来新的苦难的意义。

这是迄今为止我们所听到过的最骇人听闻的，也是最震撼人心的对基督教的批判。它从西方人的心理之根入手展开这种批判，其后果不仅是暴露了基督教的病源，而且是暴露了整个欧洲文化传统的根本病症：将理性与生命相对抗。

在尼采看来，西方历史上的一系列文化价值体系正是对这种病症的掩饰。因此，在超越了善与恶之后（他有一部著作的书名正是《在善恶之彼岸》），他宣布要重估一切价值。他对欧洲自苏格拉底以来的精神传统采取了彻底的虚无主义态度。他的同时代人曾经将他的这种宣言和文化虚无主义态度视为极端的狂妄。但是这些人都缺乏尼采所具有的那种更为敏锐、更为深远的历史眼光。尼采所看到的东西，是他的同时代人都未曾看到的。尼采看到了什么？尼采看到的是西方人正处于挣脱自己的文化心理之根的重大历史时刻。他在《欢乐的智慧》中借用一个在集市上的疯子之口喊出了一个惊心动魄的发现："上帝死了！"是谁杀死了上帝？尼采解释说，是人自己，因为人无法容忍有谁窥视自己最丑陋的一面，而上帝正是用巨大的犯罪感把人的本能意志窥视为最丑陋的东西。人的力量意志驱动他力图把自己抬高到上帝的地位，因此不能忍受自己始终作为有罪的生物的这种可怜的处境。

其实，在欧洲历史上，这种谋杀上帝的过程早就开始了。中世纪后期教会的腐败破坏了禁欲主义的理想。但这还是一种消极的谋杀。路德的宗教改革以后的新教，驱除了上帝崇拜的一切外在形式，使信仰同赤裸裸的个人的自由意志联系在一起，并且使外部世界完成了其世俗化和非灵化，把上帝从自然界中驱逐了出去：新教为科学精神开辟了道路，和科学一起剥除了自然的精神意义，随着科学技术的巨大进步，一种世俗文明的繁荣便逐渐地割断了西方人连接在上帝身上的心理脐带。这是西方人遭遇虚无的初始。逐渐地变得一丝不挂的人，急切地在普遍理性中寻求逃避虚无的避难所，因为他们长久被否定、被禁止的力量意志还不足以让他们对付这一场"精神断乳"。他们既已失去了宗教的慰藉，就转而寻求形而上学的慰藉。从康德到黑格尔，形而上学为西方人提供了超感性的理性实在，使他们可以将人的最高价值安放到里面去。例如，康德规定了理性的绝对命令，其中一条若用孔子的话来说，就是"己所不欲，勿施于人"，并且，为了使这种命令神圣化，便假设了道德的上帝。但上帝因此也只成了假设。尼采尖锐而刻毒地嘲笑了这种所谓具有最高价值的道德律令的虚弱性，他说："这种原则乐于把人与人的全部交道建立在相互效劳上，于是每一件行动仿佛都成了对于给我们所做的事情的现钱报酬。"① 尼采对康德哲学的这种猛烈的抨击，不免有将康德思想恶意地庸俗化之嫌。但是，他的批判仍有其自身的合理性。的确，随着科技力量在现代的大规模积聚，以及人越来越受到由他自己这种作为无神论的而又狡黠的生物所创造的异己的物质力量的支配，他是无法仅凭几条抽象而苍白的道德律令来维持自己作为人的最高价值的。面对因科技发展而强大的机器力量，以及把每个个人都组织到社会机器中去的现代经济关系，现代人确实在精神上终于真正遭遇到了虚无。

尼采在19世纪以"上帝死了"的呼喊惊人地预见到了一个终将产生存在主义的时代。

尼采的呼喊准确地指出了西方现代史上最重大的事件：向来在上帝或绝对理念的照管下、庇护下生活的西方人，由于逐步地谋杀了上帝，由于现在终于杀死了所有的神和绝对的超验实在，他便终于朝他的成人期迈出了第一步。现在，人必须仅仅依靠自己了，必须学会并且敢于像一只没有系泊之锚、没有避风之港而在无际的虚无之中航行的船，为自己设定属于自己的最高价值和目标，这样他才能免于虚无。在此，我们记起了另一位伟大的思想家在摆脱了绝对理性主义的藩篱之后所指明的人自我创造的命运：人类不是凭借

① ［英］罗素：《西方哲学史》下卷，商务印书馆1976年版，第344页。

着超验的神，也不是凭借着绝对理性，而是凭借着活生生的生产实践，走向人的自我诞生、自我创造的；在实现自我诞生之前的历史，只是真正的人类社会的"史前史"。这位思想家就是卡尔·马克思。但是，马克思尽管驳斥了绝对理性，却并不是非理性主义者，他虽然也强调属人的感觉、激情和实践意志的本体论地位，但并不把这一切归结为原始的、本能的意志。他是文化的乐观主义者，坚定地把人理解为在劳动中创设文化的主体性力量，而在人的主体性力量中，理性仍然是一个基本的因素。

那么，既已指出上帝已死的尼采是如何展望进入成年期的人类之未来的呢？或者，按照尼采的想法，在没有神的世界里，人应该怎样生活才不至于堕落为庸俗、虚弱的生物呢？他在其最重要的著作《查拉图斯特拉如是说》中，以丰富、奇异的文学象征，给我们描绘了一个在文化内部最激烈的冲突中勇敢奋斗以建设未来的文化英雄。他试图用这本书向世人指出欧洲文化的出路。

三、"我就是命运"

1888年11月间，尼采在致他在丹麦的友人勃兰兑斯的一封信中预告他将要写一本新著，他说："这本书正等待着我，我向你发誓，在两年之内，我们一定要让整个世界陷于痉挛。我就是命运。"他在这里所说的新著指的是《一切价值之重估》。其实，他先前的另一部书——《查拉图斯特拉如是说》要是在发表初期即得到世人的认真对待的话，那么欧洲世界必定早已陷于惊愕和痉挛之中了。尼采并不是在夸大其词。他所推荐给我们的查拉图斯特拉，一个在他看来代表着未来的文化英雄，一个超人，展示给我们的形象虽然生机勃勃、充满勇气、不屈不挠，却不是沉着的、胸怀博大的和祥和的，有如仁慈深沉的古代圣贤。相反地，他暴戾、愤怒，孤独而又狂热。假若这样一个人真是未来人类的目标，假若这个带着浮士德的影子而又超越浮士德的非凡之人真是全体人类应该仿效的榜样，那么，世界确实是要为这样的前景而痉挛的。

让我们还是先来会一会这位超人，了解一下他是怎样一个人，再来试图理解这个形象的意义吧。

查拉图斯特拉隐居于深山的一个洞穴里，周围的空气冰冷且干燥，使人联想到珠穆朗玛峰的景象，这象征了查拉图斯特拉的精神孤独。山脚下的大地则代表凡人世界。而此书的开始部分是查拉图斯特拉即将离开深山而返回人群之中，这意味着超人与大地的不可分割的联系，他必须下来，必须中止他的纯粹孤独而置身于人间的苦难之中。他的使命是在人间苦难的废墟和灰烬（这是欧洲传统文化之象征）中赢得一次如凤凰涅槃般的复活。

查拉图斯特拉的下山，不是寻觅欢乐，而是带着愤怒迎向苦难。他不准备怜悯和忍耐人的苦难，不像基督的一名圣徒，而是要抨击一切为了补偿苦难而形成的愚蠢。这愚蠢指的正是基督教的以及民主主义的道德。这些道德使人变得虚弱萎缩，卑鄙怯懦。他于是立下新的法规，要使人变得重新健壮完整。这些法规如下所述。

不要原谅你的邻人！邻人是一些必须超越的东西，这些邻人在超人的眼里，有如人类所看到的猴子，他们卑俗不堪；应该把你的爱施予那些配得上它的人。

不要说：己所不欲，勿施于人！这只是一些平庸价值之间的等价交换，人的最高价值是不可交换的，它们是你必须自己争取的目标，在这方面不可能存在什么彼此的答谢或效劳。

不要相信永勿劫掠一类的话，如果你没有力量占有，你就无权说这些对象曾经应该属于你。

不要说不应该通奸，诚实的人应该彼此先看一看爱情能否继续下去。书中的一位妇女对查拉图斯特拉说："的确，我破坏了婚姻，但在此之前，婚姻已经破坏了我。"

不要对我说，仁慈的人不去推一辆快要翻倒的货车。恰恰相反，那辆车反正要坠毁，就让我们出一把力加速它的毁灭吧。我们的时代就如同这辆无可挽回地下坠的车。

不要像老妇们那样向我唠叨生活的空虚及其无意义的苦难，因为这类悲观主义是以对生活的厌恶度量着生活。苦难恰恰是生活和幸福的条件，是让我们伸张意志的条件。与苦难的抗争是人的骄傲和欢乐。

不要对我说，需要专制君主的统治，或者需要民众的统治。不能让一大片愚蠢的民众或一个暴君去篡夺主人的地位。要一个新的贵族阶层，这些人将以他们的力量和智慧为其他的同类塑造出这些同类可以由此获得生活意义的文化。所有的人只有在追随着这些伟大人物时，才算是进入了一种文化状态。

上述这些超越于一般的善恶之上的非道德主义的言论，听起来确实是惊世骇俗的。这些言论既驳斥了基督教的传统道德，也对抗着现代西方的民主主义理想，它们公然宣布，人与人的不平等是天经地义的，弱肉强食是健康向上的人类生活。这种对力量意志的极端赞美，完全排斥了平静的理性对于构筑新时代文化的意义，而将力量意志的毫无约束的伸张看作引导人类走向高贵的唯一途径。在尼采手里，欧洲文化坚执于理性与生命之对立的病症竟朝着与理性相反的本能意志的一端剧烈发作。

这样，对力量意志的赞美本身便包含着巨大的危险：它在要求非凡的文化创造力的同时，也给人性中的阴影部分——对一切自律的仇视和对他人的进攻性——开放了发泄渠道。超人查拉图斯特拉于是就有一个始终与他形影相随的恶魔。这恶魔就是人性中阴暗的一面。尼采的真正卓越之处正在于，当他颂扬查拉图斯特拉精神时已经发现了这个恶魔的存在，而且这是一种即使在超人的身上也不可避免的存在。

在《查拉图斯特拉如是说》中，这个恶魔时而是一个谋杀了上帝的小丑，时而是一个试图将飞翔得太高的精神拉回大地的重力之精灵，后来则成了骑在查拉图斯特拉背上的侏儒。这侏儒紧紧地跟随着查拉图斯特拉，在他耳畔低语道："哦，查拉图斯特拉，你确实把你的石头抛得很高，但是它将反弹回到你自己身上！"这是一个恐怖的预言，它暗示一种难以避免的命运：尼采的文化英雄借以向山巅攀登的力量本身愈是强大，愈是把他带向高处，就愈是可能使他坠落到地面而粉身碎骨。

但是，这一由尼采自己所创造的充满智慧的象征，却并没有成为对他本人的真正警告。他的查拉图斯特拉把每一次来自自身恶魔本性的警告都当成攀向另一座更高的山峰的理由，当成对自己的勇气的检验。这个文化英雄面对自身的阴影部分竟然喊道："侏儒！要么是你，要么是我！"这种最为极端的自我分裂，恰恰就是尼采自身的悲剧性的命运（他最后发疯的个人命运由此获得了一种深刻的文化意义：他以个人的致命的形式体验了人的问题）。

然而，尼采竟然出人意料地还以另一种更大的勇气来对待这种命运。这勇气就是他的永恒轮回的观念。

如果时间无限而组成万物的宇宙粒子有限，那么根据概率，所有的事物及其细节，其中包括尼采这样一个拖着病体、承受着苦难的人，必将一再地重现，一次又一次进行他的文化奋斗。这样，欧洲文化的前景，便不可能是一种经过一场生死搏斗之后出现的千年福国，而是一个苦难—崩溃—斗争—幸福的无限轮回。这意味着什么？在尼采看来，这不是意味着绝望，而是意味着对生活最大的肯定和热爱。面对永恒的轮回而仍不退缩，人的勇气莫大于此！

这就是尼采给予现代人及其文化前景的一个结论。

怎样看待这一结论？

应该说，这仍然是一个病态的结论，而不是真正指出希望的结论。

如果我们对尼采之后的存在主义学说的理解是真切的，那么，我们也许有理由说，西方人的心灵正在告别坚执两极之抽象对待的形而上学态度，正在利用现象学使之可能的真理的自身显现而去谛听逻辑前的人类生命之泉。若以此观点来看，则海德格尔对于尼采的评价就是正确的：尼采是西方形而上学传统中最后一个形而上学家，他是一个既完成又摧毁了那个传统的思想家。说他完成这个传统，是因为他最终以理性的对立面——力量意志——为本体而构筑形而上学；说他摧毁了这个传统，是因为他的超人—恶魔的不可克服的自我分裂最终炸毁了形而上学。

当尼采说他自己就是命运时，他说得没错。他的一生及其思想确实代表了欧洲传统文化的内在命运。当第一、第二次世界大战爆发时，当人以自己的双手做出空前未有的暴行而使"上帝之死"成为赤裸裸的真相时，这命运就成了公开的事实，并且同时证实了马克思所一贯强调的社会与文化在实践中的自我批判。人类精神在实践中的自我批判必将导致哲学对于现实世界的批判，必将在新的境界中推进人的自我认识，这同时就是重新塑造人类生活。这是在尼采之后的人类一切能思维的头脑的任务。

罗
素

▼

没有任何哲学家对 20 世纪的理智生活给予了比罗素（Bertrand Russell）所给予的更加有益的影响。

——怀特

罗素是20世纪最博学的思想家之一。他在数学、逻辑学、哲学本体论和认识论方面都有杰出的贡献。他也是这个世纪最有影响的社会活动家和评论家之一，在长达五十多年的时间里，他不断地为理性的和人道的自由主义事业奔走呐喊。他还是20世纪最著名和最多产的英文散文作家之一，并因此获得了1950年的诺贝尔文学奖，该奖项表彰了他写下的"捍卫人道主义理想和思想自由的多种多样的意义重大的作品"。

罗素对于整个当代思想界的影响是多方面的和意义深远的。他的新实在论世界观、他参与开创的"分析运动"（方法）、他对数学原理的重新制定，以及他试图使哲学进入科学并参与科学基础的改造等，都在当代思想史上留下了深刻的印记。也许，罗素最有影响的思想成就乃哲学上的"逻辑原子主义"以及与之密切相关的数理逻辑方面的划时代开拓。然而其思想的范围和意义却不止于此，以至于艾兰·乌德说："几乎没有一个当代重要哲学观点我们不可以发现是表现在他的某个时期的著作中。""罗素以后的人都是和罗素的哲学有渊源的人。"①

---

① ［英］罗素：《我的哲学的发展》，商务印书馆1985年版，第241、238页。

一、家庭和童年

罗素出生于1872年5月18日，其家庭是一个英国的贵族世家。他的祖父J.罗素伯爵曾两度出任维多利亚女王的首相，并且是著名的《1832年改革法案》（英国选举法改革法案）的发起人。罗素的父亲是J.S.穆勒的学生和朋友，曾担任国会议员（后因主张和鼓吹节育而失去国会的席位），其性格是好学深思、清高抑郁，并且有点儿一本正经。他写过一部著作《宗教信仰的分析》，在他去世以后出版。罗素的母亲则是一个精力充沛、富于机智、有胆识和有创造力的妇女，她的沙龙接待了自穆勒以来的几乎所有的英国哲学家。她是个激进的自由主义者，并且经常在支持女权运动的集会上发表演讲。

然而，在罗素刚刚2岁时，其母亲和姐姐便因感染白喉而相继去世。一年半以后，他的父亲又因患肺炎不治身亡。于是，年幼的罗素便到祖父母那里——彭布罗克邸宅（这是维多利亚女王授予罗素伯爵的一大块房产），在那儿度过了他的童年和青少年时代。罗素没有被送进学校，他的早期教育是由保姆和家庭教师承担的。罗素6岁时，祖父又去世了，所以抚育孩子的责任便落在了祖母的身上。在所有的家人中，祖母是对罗素影响最大的人。她以一种虔诚而坚决的宗教信仰以及一种苏格兰长老会传统的道德热情来教育孩子。家庭里有一种清教徒式的虔诚和苦行的气氛：每天早晨八点全家祈祷；食物极其简单，而且孩子只能选用较粗糙的一种；一年到头都坚持洗冷水澡；烟酒是不受欢迎的。当罗素12岁时，祖母送给他一本《圣经》，并在扉页上写了一行经文："不要跟随众人去作恶。"后来罗素自称他一生都受到这条箴言的影响。

罗素的祖父有很丰富的藏书，在这书房里，罗素阅读了大量的文学著作和历史著作。他的哥哥教给他一些欧氏几何学，而他的叔叔也曾给他讲过一些自然科学知识。罗素很快就迷上了数学，并且将数学作为他终其一生的爱好；罗素又逐渐发现科学和宗教之间是有矛盾的，并且开始表露出对宗教的怀疑。大约在16岁时，罗素的日记记录下了他的一些怀疑（为了不让别人知道，他的日记用希腊文字母拼写）。其中有一段写道："没有什么事物我对之确信不疑。但是我对一些事物的意见（甚至非坚信的所在）几乎是肯定的。我没有勇气告诉家里的人我不大相信不死……"[1]不久，关于自由意志和上帝的观念也遭到了怀疑。除了对神学的怀疑之外，罗素甚至认为数学是更可以怀疑的，因为它不仅没有伦理内容，而且其不少论证（如有些欧几里得的证明，特别是些用叠加法的证明）看来也很难站得住脚。虽然微积分在实践上非常有用，但罗素不明白

---

① ［英］罗素：《我的哲学的发展》，商务印书馆1985年版，第22页。

为什么会是这样；而他的教师们似乎根本不知道基本定理的正当证明是什么。

也许是由于对数学的怀疑以及同家庭的神学观发生了分歧，罗素越来越对哲学产生了兴趣。对于这种兴趣，罗素的家人们似乎很不以为然。"每当谈到哲学时，他们总是有规则地、无一例外地重复：'什么是精神？绝不是物质。什么是物质？绝不是精神。'重复了五六十次以后，这句话就再也不能使我感到好笑了。"①后来罗素回忆说，他的思想大致是沿着近乎笛卡儿的路线行进的。在不信上帝之后，他开始热衷于理性主义，特别接近于18世纪的法国哲学家。在理智方面，罗素憎恨他认为是迷信的东西，喜欢拉普拉斯的精密的机械论，并且相信只要把理智和机械论结合起来，就可以使人完美无缺。但是在情绪方面，他似乎又完全不能满足于他在理智下所认可的东西，而试图在那些理想主义者和浪漫主义者的作品中求得精神的慰藉。

确实，这是罗素青少年时代初发的苦闷。在这段时日，他既是多疑的和反叛的，同时又感到孤独和自负。对宗教基本教条的怀疑和对数学的深入思考，使他面对着一些十分棘手的哲学问题——对于任何可以称之为宗教信仰的东西，哲学是否可以提供辩护呢？如果在纯数学中，有些东西人是可以知道的，那么数学的基础又是什么呢？前一个问题的解答，也许可以填补或修复他在信仰方面出现

---

① ［美］M.K.穆尼茨：《当代分析哲学》，复旦大学出版社1986年版，第140页。

的罅漏；而后一个问题的解答，则或许能够帮助他明了人类知识的性质和使命。罗素急于要找到问题的答案，然而又感到无能为力。

二、哲学思想上的两次转折

1890年，罗素18岁时，考入了著名的剑桥大学三一学院。这给了他解答问题的新机遇，因为他正是带着这些问题进入学院的。他在学院中主攻的两个学科就是哲学和数学。在剑桥的头三年，罗素的大部分时间被用来研究数学，而他获得数学系奖学金的主考人乃是29岁的怀特海（怀特海也是20世纪最著名的数学家和哲学家之一，后来他与罗素有过重要的合作）。但剑桥的数学教学一点都不能使罗素感到满意，以至于他最后甚至认为数学是可厌的东西了。这样，从第四年开始，罗素卖掉了所有的数学书，带着一种获得解放的喜悦心情，"跳进了那个奇异古怪的哲学世界"。

在此之前，罗素唯一接触过的哲学也许只有穆勒的经验论学说。穆勒对罗素的影响是很大的，但这种影响与其说是在哲学理论方面，毋宁说更多的是在研究精神和生活的态度方面。经验论看来已经难以满足罗素了。例如，虽说罗素颇为偏向于经验论，但他却不能相信"二加二等于四"是从经验中归纳概括出来的。而当时在英国正在兴起的乃德国唯心主义哲学——无论是康德的唯心主义还是黑格尔的唯心主义。布拉德莱1893年的《现象和实在》成了一个巨大的推动力，有效地鼓舞了英国的新黑格尔主义思潮。当时罗素最密切的朋友不是康德主义者就是黑格尔主义者，而其中对罗素影响最大的是麦克泰戈。这位老兄不仅以一种黑格尔的方式来反驳经验论，而且宣称可以用黑格尔的逻辑来证明这世界是美好的、灵魂是不死的，如此等等。虽说罗素开始还有点游移不定，但他很快就开始如饥似渴地钻研布拉德莱和黑格尔的著作，并且完全转到一种"半康德半黑格尔的形而上学"上去了。

这次哲学思想上的转折后来被罗素称为"一时走入唯心论"，而这次转折的缘由并不难理解。除了外部的条件之外，就罗素本人而言，他由于理智上的要求而抛弃了早期的宗教信仰，但这种理智要求并未使情感得到充分的满足。他急切需要的是寻找某种哲学上可以接受的理论来取代早期信仰，而黑格尔主义则提供了一个有吸引力的替换物——这种哲学似乎既有魅力又有论证，因为它既是理性的，又以理性的名义维护了信仰。罗素在这种哲学中找到了暂时的安慰。

1895年，罗素提交了一篇大学研究员的资格论文：《论几何学的基础》。这篇论文在两年后修订出版，成为罗素的第一部哲学著作。在这部著作中，罗素以一种康德的方式提出问题——"几何学如何能够成立？"并且企图以一种稍稍修改过的康德的观点来评价非欧几何学的发展。不久，罗素便以全力研究黑格尔的辩证法，并在1896—1898年中试图以黑格尔哲学为基础来构筑一个"科学的辩证法"。在这期间，罗素写下了一系列关于物理学哲学的东西，这些东西都是以黑格尔主义为依据的，其中的《论数与量的关系》一文甚至被评论为"一篇精妙的辩证法杰作"。

然而，罗素同德国唯心主义的亲密联姻并没有维持多久。1898年年底，先是G.E.摩尔，然后是罗素，相继脱离了康德—黑格尔哲学的营垒，而转向新实在论。罗素后来回忆说，当他仔细地研究黑格尔本人的著作时，他在那里发现了"一种由混乱和在我看来比双关语好不了多少的东西组成的混合物"，而《大逻辑》中关于数学所说的一切简直都是"神志不清的胡说"。摩尔的带头反叛鼓舞了罗素，于是罗素便带着一种解放的感觉紧随其后。黑格尔主义者认为，常识所相信的一切都只是纯粹的现象，而罗素与摩尔则走向相反的一端。这种新实在论主张："未受哲学和神学影响的常识所假定为真的一切都是真的。带着一种逃脱牢笼的感觉，我们允许自己去想，草是青的；太阳和星星也是存在的，即使没有人意识到它们；一种多元的永恒的柏拉图的理念世界是存在的。这个曾经是干瘪的逻辑的世界一下子变得丰富、多样、牢固了。"①

虽然罗素和摩尔几乎同时背弃了德国唯心主义，但两人的侧重点是不同的。摩尔最关心的是否定唯心论，而罗素最感兴趣的则是否定一元论。罗素同意摩尔的基本学说，即"一般说来，事实是离

---

① ［美］M. K.穆尼茨：《当代分析哲学》，复旦大学出版社1986年版，第142～143页。

经验而独立的"；但罗素还进一步认为，绝对唯心主义一元论具有一个形而上学的核心，这个核心可以称之为"内在关系说"（两项之间的每种关系基本上是表示这两项的内在属性，归根结底，是表示这两项所构成的那个总体的属性）。对于这种学说，罗素给予了猛烈的攻击，并且针锋相对地提出了一种多元论的形而上学和所谓的"外在关系说"。为了反对"内在关系说"，罗素援引了莱布尼茨所述说的一个极端的例子："如果一个住在欧洲的人有一个妻子在印度，他的妻子死了，他完全不知道。在她死的时候，他有了本质的变化。那时我所反对的正是这种学说。"[1]罗素发现，内在关系说特别不适用于"非对称"关系，即那种在A和B之间适用而在B和A之间却不适用的关系；由于在数学中的关系主要是非对称关系，所以"外在关系说"便体现出它的重要性。

罗素后来把他的这次重要的思想转折称为"叛入多元论"。这次反叛德国唯心主义的思想结果，对于罗素来讲，主要有以下几项：第一，一个孤立的真理可以是全真的；第二，分析并不是曲解；第三，一个不是重言式的命题如果是真的，那么它之为真是由于对一事实有关系，而事实一般说来是独立于经验的。不难看出，这几个主要结论是彼此密切地联系在一起的；同样不难看出，这些结论与德国唯心主义的立场是相当不同的，甚至是与之截然相反的。虽然罗素后来的思想还有不少补充和修正，但这些主要的点却

---

① [英] 罗素：《我的哲学的发展》，商务印书馆 1985 年版，第 47 ～ 48 页。

始终以这样那样的方式被保留下来。罗素在这一时期形成的外在关系学说和与之相连的多元论形而上学，为其日后的所谓"逻辑原子主义"奠定了基础，并且为当代哲学的分析方法确定了至关重要的思想原则。我们马上就会看到，这些思想将孕育出哪些有意义、有价值的成果来。

三、皮亚诺技术和逻辑原子主义

世纪的交点也是罗素哲学思想的重要分界线。1899—1900年，罗素采用了逻辑原子主义哲学和数理逻辑中的皮亚诺技术。事情的起因是1900年7月的巴黎国际哲学家大会。在会上罗素见到了意大利逻辑学家皮亚诺，而这次幸运的会见恰好投合了罗素思想转变的急切需要：在皮亚诺的符号逻辑体系中，罗素发现了他"多年来正在寻找着的那种用于逻辑分析的工具"，这种工具甚至可以使一些原先充满了哲学上含混不清的领域也具有数学的精确性。于是，罗素便着手以皮亚诺技术为根据，进一步发明了一种关系的符号系统；与此同时，罗素先前的老师怀特海也认识到了这种方法的重要性。这引导了罗素和怀特海长达十年的合作，其成果就是三大卷的巨著《数学原理》（1910、1912、1913）。由于这部在数学和逻辑学方面的划时代著作为解决数学论证的可靠性问题做出了独创性的贡献，并且由于这部著作的思想所具有的深刻的哲学意义，罗素和怀特海赢得了广泛的世界性声誉。

以《数学原理》为代表的罗素的这一时期的思想，对罗素本人来讲，乃一次真正的"奠基"，其思想以后的一些改变只具有演进的性质，而不再发生根本性的变革了。在写作《数学原理》的十年中，罗素的思想发展取得了两方面的重大成果——一方面是技术性质的；另一方面则是哲学性质的。

技术方面的进步主要来自皮亚诺的启发，后来罗素才知道，事实上弗雷格在更早一个时期就已经取得了这样的进步。它包括两个要点：第一，是把"苏格拉底是不免于死的"这种形式的命题和"一切希腊人是不免于死的"这种形式的命题区分开来——前者是把一个宾词加于一个是人名的主词上，但后者不是一个主词—宾词的命题，然后把两个"命题函项"联结起来（这是包含命题函项的命题，并不具有这函项的任何特殊的值）。第二，是把由一个项所构成的一个类和那个项区别开来，因为它们在逻辑地位上是不相等的。如果把一个"类"（如"地球的卫星"）和它仅有的"项"（如"月亮"）等同起来，那就会在集合的逻辑里，从而在数的逻辑里引出完全无法解决的问题来。

由于这些技术上的进步，罗素得以应对在关于数的旧学说中所遇到的困难，并且给出关于数的新定义。这个新定义的核心是把数学还原为逻辑。它产生了多方面有价值的结果——它在数学的基本原理方面解决了一系列的难题（如关于0和1、关于一和多、关于无限数、关于复素数等的困难），它在数理逻辑方面奠定了一个新的基础并辟出了一个广阔的发展前景，它在数理哲学方面创制了这样一种观念，即数学知识既不是经验的知识，也不是关于世界的先验知识，它仅仅是词句上的知识。换言之，数不应被看作形而上学的实体，也不是由经验归纳获得的，整个纯数学是从完全是逻辑的前提推出来的。"4"和"2＋2"指一个意思，它和"一米有三尺"具有完全相同的性质。这样一来，数学家的根本"器具"也改变了，它们化为一些纯粹是逻辑上的名词——"或""不""一切""一些"，如此等等。

在罗素给出关于数的定义大约一年以后，他发现弗雷格在十六年前就已得出了相同的定义。罗素以一种崇高的坦率承认这一点，并且只是由于他不遗余力地推荐介绍，人们才注意到弗雷格的发现所具有的划时代的意义。只要一有机会，罗素就力图表明：在弗雷格以前，人们所提出的一切数的定义都含有基本的逻辑错误，结果全部数的哲学就成了"连篇废话"。与此相反，"由弗雷格的工作可以推断，算术以及一般纯数学无非是演绎逻辑的延长。这证明了康德主张的算术命题是'综合的'、包含着时间关系的理论是错误的。怀特海和我合著的《数学原理》中详细讲述了如何从逻辑开展纯数学"①。

然而，这项工作的进展却遇到了一个未曾预料到的巨大障碍。

---

① ［英］罗素：《西方哲学史》下卷，商务印书馆 2011 年版，第 427～428 页。

在20世纪初的头几个月，弗雷格和罗素都很乐观，他们共同主张数学是逻辑的扩展，而且认为把数学归结为逻辑的工作已经最后完成了。但是在1901年7月，罗素突然遇到了一个矛盾（悖论）。罗素开始以为是在推理的某个步骤上进行得不正确，但多次检查以后却发现问题不在这里。如果这个矛盾不能被排除，用逻辑给数下定义的整个工作岂不是全然瓦解？问题是由坎特（集合论的创始人）证明没有最大的基数引起的。当罗素用这个证明来考虑一个特殊的类时，他终于发现面对着一个"由所有不是自身的分子的类构成的类"的矛盾——这就是著名的"罗素悖论"。这个悖论可以最简要地表述为：如果它（上述的类）是自身的一个分子，它就不是自身的一个分子；如果它不是自身的一个分子，它就是自身的一个分子。这个悖论类似于古代有名的"说谎者悖论"：如果一个人做这样一个陈述"我在说谎"，那么，他是在说谎呢还是没在说谎？如果他在说谎，那么他在说真话；如果他没在说谎，那么他却在说谎。

罗素发现这个矛盾之后，便写信告诉了弗雷格。当时弗雷格的《算术基础》第二卷已经印好，行将出版。可以想象，当弗雷格听到这个消息时，他内心的震撼有多么强烈；因为如果承认这个矛盾的话，他毕生的事业看来就要毁于一旦。然而弗雷格却以一种罕见的诚实和勇敢接受了这个事实，他在已经印好的著作后面加了一个附录。在这个附录中，弗雷格伤心地承认，一个年轻的英国人罗素刚刚使他确信，他的体系可能产生一个矛盾；而且由于这个矛盾，

"算术的基础被动摇了"。不久以后，人们又认识到，"罗素悖论"仅仅是一系列类似的悖论中的一个。这是一次严峻的挑战：如果不能有效地解决这些矛盾，逻辑主义的纲领就无法贯彻下去了。罗素相信，这个纲领本身是正确的，并且毛病不是出在数学方面，而是出在逻辑方面，因此非对逻辑加以改造不可。由于罗素的不懈努力，他终于以"类型论"的方式找到了解决的办法。类型论的要点是：那些涉及命题总体的命题绝不能是那个总体之中的分子；换句话说，我们必须把涉及命题总体的命题和不涉及命题总体的命题区分开来。一旦做出这种严格的区分，先前遇到的矛盾也就能够被解决了。确实，罗素的类型论不仅有效地捍卫了关于数学知识的新的解释方案，而且被公认为是他对于逻辑学所做出的最重要的贡献之一。

现在，我们应该来看一看罗素思想中的哲学方面。如前所述，罗素把他的哲学称作"逻辑原子主义"。这种名称的哲学究竟是什么意思呢？首先，它是一种与心理主义相对立的"逻辑主义"。心理主义的主要代表是休谟和穆勒，他们试图把逻辑、认识论的问题当成可以由联想主义心理学来解决的问题。与此相反，罗素则主张，必须严格地将心理学同哲学以及逻辑区分开来，将作为心理学研究对象的观念同作为哲学和逻辑研究对象的东西区别开来。就这一点而言，布拉德莱和弗雷格是罗素的先驱。就像弗雷格指责他那个时代的逻辑教学受到心理学的污染一样，布拉德莱声称："在英国，我们以心理学的态度生活已经太久了。"对心理主义的拒斥要求在哲学中采取一个新的出发点，即以判断或命题为出发点，而不是以观念为出发点。因此，罗素的哲学不是基于观念（以及观念的心理联想）之上的那种经验主义，而是要求通过判断或命题的逻辑，去把握必然真理。罗素（和弗雷格）的数学观可以看作这种哲学的一个例证：算术既不是心理学的一个分支，也不是语言学的一个部分；整个数学大厦的基础是逻辑。

其次，所谓"原子主义"同样表现了这个理论的某些特征。在一定的意义上，罗素和休谟都是哲学上的"原子论者"，只是他们所理解和设定的"原子"相当不同。休谟试图按照观念和印象（作为人类心灵的唯一内容）去解释每个事物，并且认为哲学家必须对观念作心理学分析；而罗素则坚持分析的对象乃命题，因而把他的"原子论"限制为逻辑的。在这里，所谓"原子论"当然只是个比喻：哲学的任务被设想为把思想分析为它最终的简单元素，就像原子论科学家把物体分割为它们的最基本的单位一样。因此，思想的简单元素或"原子"，在休谟看来是观念（从而有观念之间的心理联想），在罗素看来则是命题或陈述（从而强调了对命题的逻辑分析）。

根据上面的简要说法，逻辑原子主义的要点有二：第一，哲学家应该研究逻辑，而避免心理学；第二，作为与世界相对应的思想，其基本的单位不是观念，而是命题。因此，罗素在一定的意义上说，逻辑是哲学的本质；哲学思考的"最高公理"是：只要可能，就应当用逻辑构造来代替实体推论。进而言之，这种逻辑主义还是原子论的："我要提倡的那种逻辑是原子主义的，是与那些多少追随黑格尔的人的一元论逻辑相反的。我说我的逻辑是原子主义的，这是指我具有一种常识的信念：存在着许多各别的事物。我并不认为，这个明显具有多样性的世界，仅仅是唯一不可分的实在的假象或不真实的部分。"①因此，罗素还把他的逻辑原子主义称作"绝对多元论"。

在这里不难看出，罗素的逻辑原子主义不仅是一种分析的工具或手段，而且具有一种哲学本体论的意义。这种哲学本体论，就其否定的方面来讲，乃与黑格尔主义相对立；就其肯定的方面来讲，乃一种多元实在论。它主张，世界是由彼此分离、各自独立的多元的事物或事实所构成的；它主张，"精神"和"物质"并不是世界的基本材料或组成部分，而只是把种种"事素"集合成束或分组的便当方式；它还主张，每一个由分析得到的简单的表达式，若要有意义，就必须指示某个实在的实体，因为该表达式的意义是由所指的实体构成的。

罗素的这些基本思想的发展和巩固，受到他的朋友维特根斯坦的重要影响，正像维特根斯坦在哲学和逻辑学方面也曾极大地受惠于罗素一样。1912年，维特根斯坦在弗雷格的推荐下来到剑桥，求学于罗素门下。然而，这名天才的学生不仅从老师那里学到许多东西，而且以其深刻而独到的思想影响了老师。1914年年初，维特根斯坦给了罗素一篇简短的打字稿，里边是关于各种逻辑问题所做的

---

① ［美］M.K.穆尼茨：《当代分析哲学》，复旦大学出版社1986年版，第152页。

笔记。两人的联系由于第一次世界大战而中断了（维特根斯坦在奥地利军队服役），但这篇短文以及先前的多次讨论，却深刻地影响了罗素在战时那几年的思想。罗素承认："在纯逻辑方面，我得益于一些极其重要，但尚未公开的发现，这些发现是由我的朋友L.维特根斯坦做出的。"大战结束的那一年，罗素在伦敦做了一组系列讲演，其中开头的两讲主要解释和发挥了他从维特根斯坦那里了解到的某些观点。正是在这些讲演中，罗素第一次用"逻辑原子主义"这个名称来描述自己的哲学。战后维特根斯坦又与罗素取得了联系，并把《逻辑哲学论》的手稿寄给了罗素。虽然手稿中的某些内容使罗素感到难以索解，但其中的主要思想仍然给了他以深刻的印象。而且只是由于罗素的一力推荐，这部成为20世纪哲学名著的《逻辑哲学论》，在遭到五个出版商拒绝之后，才得以于1922年以英文出版（罗素为它写了一篇导论）。确实，当代分析哲学（以及以"分析"为原则的整个当代思潮）的基本纲领是通过逻辑原子主义而得以巩固、得以明确的；而逻辑原子主义的基础是唯赖罗素和维特根斯坦才得以建立的。

因此，在哲学思想方面，罗素的意义及影响是深远的和多方面的。如果说把我们的哲学时代称为"分析的时代"可能过于狭隘，那么至少在"英语世界"（区别于"欧洲大陆"）中，"分析"作为一种基本的哲学原则仍然是占主导地位的。若就这个范围而言，受罗素影响最深的乃维特根斯坦哲学以及整个逻辑实证主义学派，而这些后继者的工作和影响至今仍然标志着这一哲学发展的其他一些主要阶段。

从总的方面来讲，如果说逻辑原子主义的纲领可以概括为"分析"，那么其具体要求是：从命题或陈述开始，对它们进行逻辑分析。意义分析与其说是把复杂概念分析为它们的简单概念，毋宁说是把复合命题分析为它们的简单元素（"原子式的"命题）；解释的目的不是要给出一个复杂谓词的最终定义，而是给出一个复杂陈述的所有真值条件；意义或无意义属于真和假所属的对象，亦即完整的句子或陈述。罗素的研究结果认为：陈述是由不同的部分组成的，而这些部分中有一些命名了世界上的对象。对象或者是特殊的（事物），或者是一般的（性质和联系）；这些东西好像是彼此独立的"微粒"或"原子"，而世界便是这些可分离的事物、性质和关系的集合体。进而言之，一个词的意义就是它所指示的那个事物。既然我们必定能够不依赖其他任何事物而分别地把握某些事物名称的意义，那就必定有绝对简单的"特殊物"存在。这种特殊物就是被罗素所谓"逻辑专名"唯一命名的东西；而且它将是所有描述的真正对象。

虽然罗素的这些具体见解有些已被证明是错的，有些已被后来的发展所超越，但就总体而言，其思想的深刻意义通过以下三个方面而得以持存。第一，他通过逻辑学方面的巨大开拓和创新，引进了富有生命力的新方法（新的规则和技术），这在逻辑学领域产生了有力的推动作用，并且达成了一系列丰富多彩的积极成果。第二，他要求逻辑的改造能够帮助解决各种哲学问题，特别是要求它能够对获得可靠知识或真信念的各种条件进行估价；这为哲学研究提示了新的生长点和探索手段，并且得到了广泛而有效的展开（尽管对这种研究的根据和结果仍然有十分不同的意见）。第三，罗素的学说为当代的整个"分析思潮"提供了一个支点或基地，在这个基地，许多重要的学科领域通过所谓"意义分析"而获得了推动和发展。其中特别重要的是研究语言在实践和思维中的作用这样一个课题，它不仅得到了广泛的关注，而且在诸多方面——如怎样在语言的使用中识别意义、获得意义或确保意义的存在——取得了令人瞩目的成就。

四、罗素的社会政治活动

怀特在《分析的时代》一书中写到，罗素在两个方面很像穆勒：就像他的诚实和穷究事物底蕴的热望使人想起穆勒一样，他的不因循旧习的生活以及对政治专横和社会残暴的憎恨也使人想起穆勒。"一位英国哲学家兼有如此多的理智力量、如此多的文化教养和如此多的对自由的热爱，从穆勒以来只有他一个人。" ①

---

① ［美］M. 怀特：《分析的时代：二十世纪的哲学家》，商务印书馆1981年版，第197页。

确实，罗素不仅是一位数理逻辑家、哲学家，他还是一位新闻记者和自由主义作家。换句话说，罗素不单纯是学院教授或书斋学者，他还是一位思想犀利、热情满怀的社会批评家和活动家。因此，和他比较起来，摩尔和维特根斯坦更像是纯粹的哲学家。在罗素的一生中，他把自己的巨大才能用于理性的和人道的自由主义事业超过半个世纪之久；他不仅积极参加各种社会活动，而且写成了许多通俗作品。有一位评论家说，罗素在这些活动和作品中所表现出来的才华、光辉，以及破除迷信的勇气，颇有点类似于伏尔泰的风格。

1894年年底，罗素第一次结婚并到德国去度蜜月。那时他就在柏林与工人运动的领袖李卜克内西和倍倍尔相过从，并且多次参加了他们组织的工人集会。在柏林他还研究了《资本论》，对政治学和经济学表现出浓厚的兴趣。这一时期的社会活动和研究成果体现在他1896年出版的著作《德国的社会民主》中。

第一次世界大战爆发后，罗素积极地参与了反战活动。他不仅撰写反战文章和传单，还在英国组织了"拒服兵役委员会"。由于他的反战宣传，法庭判他有罪，处以一百英镑的罚款；罗素以反战无罪的名义拒付罚款，结果法庭便把他在学院的图书拍卖抵作罚款。1916年，罗素同样因积极参加反战活动而被开除出剑桥三一学院。1918年5月，罗素为反战报纸《论坛报》撰写了一篇文章，这篇文章被说成是诽谤战时盟国（美国）的，结果被判了六个月的监禁。在服刑期间罗素被允许看书和写作，他在那里完成了《数理哲学导论》一书。

罗素在他漫长的一生中，访问了许多国家和地区。俄国社会主义革命以后，罗素作为英国工党代表团的非正式成员于1920年春访问了苏俄，并在那里见到列宁。他的观感和想法反映在《布尔什维克主义：实践与理论》一书中。虽然他不赞成无产阶级专政和暴力革命，但他仍然对列宁及其领导的苏维埃政权表示了好感和尊敬，并且认为苏维埃是这个时期使俄国工业化的合适的政府。同年8月，罗素又访问了中国，先是到上海，其间去杭州游了西湖，接着到南京、汉口、长沙，最后到达北京。在北京罗素作了多场讲演，后来这些讲演大多以专著形式出版，其中包括《物的分析》《心的分析》《哲学问题》和《社会结构》等。罗素对中国人的聪明、幽默和好客留下了深刻的印象，同时也对欧洲中心主义的偏见和帝国主义的对华政策表示愤慨和批评。当罗素快要结束他的中国之行时，北京冬天的寒冷使他得了支气管炎，病情发展很快，有一度几乎已经失去了希望。当罗素在两个多月后病愈时，他甚至读到了自己的讣告，并且还有人告诉他，中国人曾打算把他葬在西湖边——这使罗素感到非常有趣。

在1921年罗素返回英国以后，他以十多年的时间写下了大量著作，而这些著作的题材也十分广泛：有介绍和评论20世纪的科学革命的，有探讨宗教问题和教育问题的，有涉及社会问题和道德问题的，最后还有关于政治理论和历史理论的。其中特别著名的有：《相对论入门》《我的人生观》《为什么我不是基督教徒？》《婚姻与道德》《宗教对文明做过有用贡献吗？》《科学观》《自由和组织》《宗教与科学》《论权力》等。

在这期间，罗素还打算写一本书，并把书名定为《如何达成和平？》。罗素希望在该书中以他在第一次世界大战时期所持的立场来阐述其和平主义的主张。然而，希特勒法西斯在德国的兴起以及日益临近的战争威胁却逐渐改变了罗素的观点：虽然他仍然认为和平主义或不抵抗主义在道德上是值得赞扬的，但在实践中必须加以限制。希特勒在德国的所作所为无论在道德上还是理智上都是可憎的和无法忍受的，纳粹的行径已经完全超出了和平主义或不抵抗主义所能适用的范围。因此，罗素反思和修改了他在第一次世界大战中的立场，并在意识上做出了这样的决定："我必须支持在二次大战中为赢得胜利所必需的一切，不论要取得这个胜利有多么困难，也不论其结局有多么痛苦。"[1]

第二次世界大战期间，罗素是在美国度过的。虽然他在那里避开了战火，却遭到了另一种攻击。由于罗素在道德是非方面往往坚持和要求明确的理智根据，由于他在政治、宗教、性、教育等方面主张一套不从习俗的观点，结果在许多团体中遭到非难，并成为反对其观点的人猛烈攻击的对象。1940年，纽约市任命罗素担任市立学院教授，但一个英国裔的主教首先对此提出抗议，接着一批天主教牧师控告罗素助长当地的犯罪。罗素的著作被律师指斥为"淫荡

---

① [英] 罗素：《罗素自传》第二卷，商务印书馆 2003 年版，第 296 页。

的、纵欲的、偏见的、不真实而又危害善良道德的"。例如，罗素曾认为不应该责罚小孩子手淫，这种观点被看作是在败坏德行。结果法院方面做出了不利于罗素的判决。这就是轰动一时的"B.罗素案"。

第二次世界大战结束以后，罗素不仅继续写作，而且仍然致力于社会政治活动。1954年，他首先在英国广播公司发出了禁止核武器的呼吁，并在次年发表了同一主旨的著名的"罗素—爱因斯坦声明"。不久，他又发起成立了核裁军运动的组织，并出任主席。1961年，为了抗议英国发展核武器，罗素夫妇带领群众在国防部门前静坐示威，结果遭逮捕，并被判两个月监禁（后出于健康原因改判为在监狱医院拘留一周）。几年以后，他又发起建立了"罗素和平基金"。1965年，美国总统约翰逊下令轰炸越南北方，从而使越南战争升级。罗素不仅强烈谴责美国的侵略战争，而且以自己的存款为基本资金，邀请许多世界知名的学者和文化名人组成"国际战犯审判法庭"（著名的"罗素法庭"），调查并审理美国的侵略罪行。1967年5月，"罗素法庭"在斯德哥尔摩开庭，由著名哲学家萨特担任法庭的执行庭长。法庭的判决书确认，美国政府对越南人民犯下了种族灭绝的罪行，法庭号召全世界进步人士用一切力量制止和结束这场战争。虽然"罗素法庭"的判决并未对美国的越南政策发生直接的重要影响，但它作为一种巨大的道义力量，反映了进步知识分子的"社会良心"，并赢得了全世界爱好和平的广大人民的支持。

和大多数"分析哲学家"不同，罗素勇敢地委身于社会批评和社会活动，公开地表明自己关于历史、政治、教育、生活方式、道德伦理、战争与和平等问题的意见。他时常感到自己是以不同的身份从事有区别的两种活动：作为一个哲学家，他要求冷静的理智和精审的分析；作为一个社会成员或公民，他又诉诸高度的责任感和热忱的同情心。在他的一生中，还经历了许多充满跌宕波澜的事件——一个人的感情危机、多次浪漫恋爱和四次结婚。总之，罗素不仅是一个伟大的思想家，而且是一个热爱生活、兴趣丰富多彩的人。

　　1970年，罗素以98岁的高龄在威尔士去世。他的人生，正如他自己在《罗素自传》中所概括的那样："对爱情的渴望、对知识的追求、对人类苦难不可遏制的同情心，这三种虽然简单但强烈的感情，支配了我的一生。"

在喧嚣的世界里，

坚持以匠人心态认认真真打磨每一本书，

坚持为读者提供

有用、有趣、有品味、有价值的阅读。

愿我们在阅读中相知相遇，在阅读中成长蜕变！

好读，只为优质阅读。

西方哲学思想讲义

策划出品：好读文化　　　　监　　制：姚常伟

责任编辑：徐　婷　　　　　产品经理：刘　雷

责任校对：马　玉　　　　　营销编辑：陈可心

装帧设计：郑力珲　　　　　内文制作：鸣阅空间

图书在版编目（CIP）数据

西方哲学思想讲义 / 王德峰，吴晓明著. —杭州 ：
浙江人民出版社，2024.5

ISBN 978-7-213-11346-8

Ⅰ．①西… Ⅱ．①王… ②吴… Ⅲ．①西方哲学－哲
学思想－通俗读物 Ⅳ．① B5-49

中国国家版本馆 CIP 数据核字（2024）第042833号

西方哲学思想讲义
XIFANG ZHEXUE SIXIANG JIANGYI

王德峰　吴晓明　著

出版发行	浙江人民出版社（杭州市体育场路 347 号　邮编　310006）
责任编辑	徐　婷
责任校对	马　玉
封面设计	郑力珲
电脑制版	鸣阅空间
印　　刷	三河市中晟雅豪印务有限公司
开　　本	880 毫米 × 1230 毫米　1/32
印　　张	8
字　　数	170 千字
版　　次	2024 年 5 月第 1 版
印　　次	2024 年 5 月第 1 次印刷
书　　号	ISBN 978-7-213-11346-8
定　　价	58.00 元

如发现图书质量问题，可联系调换。质量投诉电话：010－82069336